Albert Camus

LES JUSTES

Texte et documents

Présenté et annoté par
Michette Charlette Eyser

Ernst Klett Schulbuchverlag
Stuttgart Düsseldorf Berlin Leipzig

Table des matières

Albert Camus: Notes biographiques

1913	(7 novembre): Naissance à Mondovie (Algérie).
1914	Le père de Camus est tué à la guerre. Sa mère vient vivre à Alger; elle a très peu d'argent pour vivre.
1918	Camus entre à l'école communale de Belcourt.
1923	Camus entre au lycée (il obtient une bourse).
1930	Il passe le baccalauréat.
	Il souffre des premières atteintes de la tuberculose.
1931	Etudes de lettres et de philosophie à Alger.
1933	Il milite au mouvement antifasciste.
1934	Premier mariage. Il divorcera deux ans plus tard.
	Il adhère au parti communiste.
1936	Diplôme d'Etudes Supérieures.
	Fonde le «Théâtre du Travail» et joue avec la troupe de Radio-Alger. Il écrit «Révolte dans les Asturies», pièce de théâtre interdite par la censure.
1937–1939	Journaliste; diverses activités littéraires.
1940	Second mariage. Il quitte l'Algérie.
1941	Camus milite dans la Résistance.
1942	Publication du roman «L'Etranger».
1943	Il s'installe à Paris; travaille comme journaliste («Combat») et comme lecteur dans la maison d'édition Gallimard.
1944	Représentation du «Malentendu». Rencontre avec Sartre.
Dès 1945	Activités littéraire et politique intenses:
1947	Publication du roman «La Peste».
1949	Représentation des «Justes».
	L'état de santé de Camus s'aggrave.
1951	Publication de l'essai «L'Homme révolté».
	Polémique avec la presse d'extrême gauche.
1952	Rupture avec Sartre.
1953	Camus prend position en faveur des insurgés de Berlin-Est.
1954	Activités politique et littéraire très réduites.
1956	(janvier): voyage à Alger: appel à la trêve civile.
1957	«Réflexions sur la peine capitale», en collaboration avec Arthur Koestler. Camus reçoit le Prix Nobel de littérature.
1960	(4 janvier): Camus est tué dans un accident de voiture.

Albert Camus parmi les interprètes de sa pièce «Les Justes»

Pièce en cinq actes
(Paris, Théâtre Hébertot, le 15 décembre 1949)

Personnages

Dora Doulebov
La Grande Duchesse
Ivan Kaliayev (Yanek), «le poète»
Stepan Fedorov
Boris Annenkov (Boria), le chef
Alexis Voinov
Skouratov
Foka
Le Gardien

En février 1905, à Moscou, un groupe de terroristes, appartenant au parti socialiste révolutionnaire, organisait un attentat à la bombe contre le Grand-Duc Serge, oncle du Tsar. Cet attentat et les circonstances singulières qui l'ont précédé et suivi font le sujet des *Justes.* Si extraordinaires en effet que puissent être certaines des situations de cette pièce, elles sont pourtant historiques. Ceci ne veut pas dire, on le verra d'ailleurs, que *Les Justes* soient une pièce historique. Mais tous mes personnages ont réellement existé et se sont conduits comme je le dis … J'ai même gardé au héros des *Justes,* Kaliayev, le nom qu'il a réellement porté.

(Albert Camus, dans le programme pour la première représentation des *Justes.*)

O love! O life! Not life but love in death!

O l'amour! Non pas la vie mais l'amour dans la morte.

Romeo et Juliette
Acte IV, scène 5.

Acte premier

L'appartement des terroristes. Le matin.
Le rideau se lève dans le silence. Dora et Annenkov sont sur la scène, immobiles. On entend le timbre de l'entrée, une fois. Annenkov fait un geste pour arrêter Dora qui semble vouloir parler. Le timbre retentit deux fois, coup sur coup.

Annenkov C'est lui.

Il sort. Dora attend, toujours immobile. Annenkov revient avec Stepan qu'il tient par les épaules.

Annenkov C'est lui! Voilà Stepan.
Dora *(elle va vers Stepan et lui prend la main).* Quel bonheur, Stepan!
Stepan Bonjour, Dora.
Dora *(elle le regarde).* Trois ans, déjà.
Stepan Oui, trois ans. Le jour où ils m'ont arrêté, j'allais vous rejoindre.
Dora Nous t'attendions. Le temps passait et mon cœur se serrait de plus en plus. Nous n'osions plus nous regarder.
Annenkov Il a fallu changer d'appartement, une fois de plus.
Stepan Je sais.
Dora Et là-bas, Stepan?
Stepan Là-bas?
Dora Le bagne?
Stepan On s'en évade.

3 **le timbre de l'entrée** la sonnette – 5 **retentir** se faire entendre – 14 **rejoindre qn** retrouver qn – 15 **mon cœur se serrait de plus en plus** j'avais de plus en plus peur – 21 **le bagne** (Zuchthaus) – 22 **s'évader de** s'échapper de

Annenkov Oui. Nous étions contents quand nous avons appris que tu avais pu gagner la Suisse.

Stepan La Suisse est un autre bagne, Boria.

Annenkov Que dis-tu? Ils sont libres, au moins.

Stepan La liberté est un bagne aussi longtemps qu'un seul homme est asservi sur la terre. J'étais libre et je ne cessais de penser à la Russie et à ses esclaves. *(Silence.)*

Annenkov Je suis heureux, Stepan, que le parti t'ait envoyé ici.

Stepan Il le fallait. J'étouffais. Agir, agir enfin … *(Il regarde Annenkov.)* Nous le tuerons, n'est-ce pas?

Annenkov J'en suis sûr.

Stepan Nous tuerons ce bourreau. Tu es le chef, Boria, et je t'obéirai.

Annenkov Je n'ai pas besoin de ta promesse, Stepan. Nous sommes tous frères.

Stepan Il faut une discipline. J'ai compris cela au bagne. Le parti socialiste révolutionnaire a besoin d'une discipline. Disciplinés, nous tuerons le grand-duc et nous abattrons la tyrannie.

Dora *(allant vers lui).* Assieds-toi, Stepan. Tu dois être fatigué, après ce long voyage.

Stepan Je ne suis jamais fatigué. *(Silence. Dora va s'asseoir.)* Tout est-il prêt, Boria?

Annenkov *(changeant de ton).* Depuis un mois, deux des nôtres étudient les déplacements du grand-duc. Dora a réuni le matériel nécessaire.

Stepan La proclamation est-elle rédigée?

Annenkov Oui. Toute la Russie saura que le grand-duc Serge a été exécuté à la bombe par le groupe de combat du parti socialiste révolutionnaire pour hâter la libération du peuple russe. La cour impériale apprendra aussi que nous sommes décidés à exercer la terreur jusqu'à ce que la terre soit rendue au peuple. Oui, Stepan, oui, tout est prêt! Le moment approche.

Stepan Que dois-je faire?

Annenkov Pour commencer, tu aideras Dora. Schweitzer, que tu remplaces, travaillait avec elle.

2 **gagner un pays** aller dans un pays – 6 **être asservi,e** *contr:* être libre – 9 **étouffer** ne pas pouvoir respirer – 12 **le bourreau** (Henker) – 13 **la promesse** *verbe:* promettre qc à qn – 17 **le grand-duc** en Russie: prince (de la famille impériale) – **abattre qc** détruire qc, faire tomber qc – 23 **le déplacement** c'est quand on change de place – **réunir qc** assembler qc – 25 **rédiger qc** écrire un texte sous la forme définitive – 27 **le combat** action de se battre – 28 **hâter qc** faire arriver plus vite – 29 **exercer la terreur** *ici:* utiliser la terreur

Stepan Il a été tué?

Annenkov Oui.

Stepan Comment?

Dora Un accident.

Stepan regarde Dora. Dora détourne les yeux.

Stepan Ensuite?

Annenkov Ensuite, nous verrons. Tu dois être prêt à nous remplacer, le cas échéant, et maintenir la liaison avec le Comité Central.

Stepan Qui sont nos camarades?

Annenkov Tu as rencontré Voinov en Suisse. J'ai confiance en lui, malgré sa jeunesse. Tu ne connais pas Yanek.

Stepan Yanek?

Annenkov Kaliayev. Nous l'appelons aussi le Poète.

Stepan Ce n'est pas un nom pour un terroriste.

Annenkov *(riant).* Yanek pense le contraire. Il dit que la poésie est révolutionnaire.

Stepan La bombe seule est révolutionnaire. *(Silence.)* Dora, crois-tu que je saurai t'aider?

Dora Oui. Il faut seulement prendre garde à ne pas briser le tube.

Stepan Et s'il se brise?

Dora C'est ainsi que Schweitzer est mort. *(Un temps.)* Pourquoi souris-tu, Stepan?

Stepan Je souris?

Dora Oui.

Stepan Cela m'arrive quelquefois. *(Un temps. Stepan semble réfléchir.)* Dora, une seule bombe suffirait-elle à faire sauter cette maison?

Dora Une seule, non. Mais elle l'endommagerait.

Stepan Combien en faudrait-il pour faire sauter Moscou?

Annenkov Tu es fou! Que veux-tu dire?

Stepan Rien.

On sonne une fois. Ils écoutent et attendent. On sonne deux fois. Annenkov passe dans l'antichambre et revient avec Voinov.

5 **détourner les yeux** regarder dans une autre direction – 7 **le cas échéant** si c'est nécessaire – 8 **maintenir qc** garder qc, conserver qc – 19 **prendre garde à** faire attention à – **briser qc** casser qc – 26 **faire sauter qc** faire exploser qc – 28 **endommager qc** (beschädigen) – 33 **une antichambre** pièce d'attente à l'entrée d'un grand appartement

Voinov Stepan!

Stepan Bonjour.

Ils se serrent la main. Voinov va vers Dora et l'embrasse.

Annenkov Tout s'est bien passé, Alexis?

Voinov Oui.

Annenkov As-tu étudié le parcours du palais au théâtre?

Voinov Je puis maintenant le dessiner. Regarde. *(Il dessine.)* Des tournants, des voies rétrécies, des encombrements … la voiture passera sous nos fenêtres.

Annenkov Que signifient ces deux croix?

Voinov Une petite place où les chevaux ralentiront et le théâtre où ils s'arrêteront. A mon avis, ce sont les meilleurs endroits.

Annenkov Donne!

Stepan Les mouchards?

Voinov *(hésitant).* Il y en a beaucoup.

Stepan Ils t'impressionnent?

Voinov Je ne suis pas à l'aise.

Annenkov Personne n'est à l'aise devant eux. Ne te trouble pas.

Voinov Je ne crains rien. Je ne m'habitue pas à mentir, voilà tout.

Stepan Tout le monde ment. Bien mentir, voilà ce qu'il faut.

Voinov Ce n'est pas facile. Lorsque j'étais étudiant, mes camarades se moquaient de moi parce que je ne savais pas dissimuler. Je disais ce que je pensais. Finalement, on m'a renvoyé de l'Université.

Stepan Pourquoi?

Voinov Au cours d'histoire, le professeur m'a demandé comment Pierre le Grand avait édifié Saint-Pétersbourg.

Stepan Bonne question.

Voinov Avec le sang et le fouet, ai-je répondu. J'ai été chassé.

Stepan Ensuite …

Voinov J'ai compris qu'il ne suffisait pas de dénoncer l'injustice. Il fallait donner sa vie pour la combattre. Maintenant, je suis heureux.

Stepan Et pourtant, tu mens?

Voinov Je mens. Mais je ne mentirai plus le jour où je lancerai la bombe.

6 **le parcours** le chemin – 7 **je puis** *(litt)* je peux – 8 **le tournant** le virage – **la voie rétrécie** une rue plus étroite – **un encombrement** objets qui bloquent le passage – 14 **le mouchard** un espion de la police – 17 **être à l'aise** se sentir bien – 18 **se troubler** perdre son calme – 19 **craindre qc** avoir très peur de qc – 22 **dissimuler** cacher ses pensées; *ici:* ses sentiments – 26 **édifier qc** construire qc – **Saint-Pétersbourg** Leningrad – 28 **le fouet** (Peitsche) – 30 **dénoncer qc** (anprangern)

On sonne. Deux coups, puis un seul. Dora s'élance.

Annenkov C'est Yanek.

Stepan Ce n'est pas le même signal.

Annenkov Yanek s'est amusé à le changer. Il a son signal personnel.

Stepan hausse les épaules. On entend Dora parler dans l'antichambre. Entrent Dora et Kaliayev, se tenant par le bras, Kaliayev rit.

Dora Yanek. Voici Stepan qui remplace Schweitzer.

Kaliayev Sois le bienvenu, frère.

Stepan Merci.

Dora et Kaliayev vont s'asseoir, face aux autres.

Annenkov Yanek, es-tu sûr de reconnaître la calèche?

Kaliayev Oui, je l'ai vue deux fois, à loisir. Qu'elle paraisse à l'horizon et je la reconnaîtrai entre mille! J'ai noté tous les détails. Par exemple, un des verres de la lanterne gauche est ébréché.

Voinov Et les mouchards?

Kaliayev Des nuées. Mais nous sommes de vieux amis. Ils m'achètent des cigarettes. *(Il rit.)*

Annenkov Pavel a-t-il confirmé le renseignement?

Kaliayev Le grand-duc ira cette semaine au théâtre. Dans un moment, Pavel connaîtra le jour exact et remettra un message au portier. *(Il se tourne vers Dora et rit.)* Nous avons de la chance, Dora.

Dora *(le regardant).* Tu n'es plus colporteur? Te voilà grand seigneur à présent. Que tu es beau. Tu ne regrettes pas ta touloupe?

Kaliayev *(il rit).* C'est vrai, j'en étais très fier. *(A Stepan et Annenkov.)* J'ai passé deux mois à observer les colporteurs, plus d'un mois à m'exercer dans ma petite chambre. Mes collègues n'ont jamais eu de soupçons. «Un fameux gaillard, disaient-ils. Il vendrait même les chevaux du tsar.» Et ils essayaient de m'imiter à leur tour.

1 **s'élancer** se diriger rapidement vers, se jeter – 5 **hausser les épaules** les lever pour manifester son indifférence, son ignorance – 12 **la calèche** voiture tirée par des chevaux – 13 **à loisir** en prenant tout son temps – **qu'elle paraisse** si elle paraissait – 15 **ébréché,e** *ici:* dont il manque un ou plusieurs morceaux – 17 **des nuées** *f* un très grand nombre, beaucoup – 24 **le colporteur** marchand qui va chez les gens pour leur vendre qc – 25 **la touloupe** veste en peau de mouton portée par les paysans russes – 26 **être fier de** (stolz sein auf) – 29 **le soupçon** (Verdacht) – **un fameux gaillard** (ein toller Kerl)

Dora	Naturellement, tu riais.
Kaliayev	Tu sais bien que je ne peux m'en empêcher. Ce déguisement, cette nouvelle vie ... Tout m'amusait.
Dora	Moi, je n'aime pas les déguisements. *(Elle montre sa robe.)* Et puis, cette défroque luxueuse! Boria aurait pu me trouver autre chose. Une actrice! Mon cœur est simple.
Kaliayev	*(il rit).* Tu es si jolie, avec cette robe.
Dora	Jolie! Je serais contente de l'être. Mais il ne faut pas y penser.
Kaliayev	Pourquoi? Tes yeux sont toujours tristes, Dora. Il faut être gaie, il faut être fière. La beauté existe, la joie existe! «Aux lieux tranquilles où mon cœur te souhaitait ...
Dora	*(souriant).* Je respirais un éternel été ...»
Kaliayev	Oh! Dora, tu te souviens de ces vers. Tu souris? Comme je suis heureux ...
Stepan	*(le coupant).* Nous perdons notre temps. Boria, je suppose qu'il faut prévenir le portier?
	Kaliayev le regarde avec étonnement.
Annenkov	Oui. Dora, veux-tu descendre? N'oublie pas le pourboire. Voinov t'aidera ensuite à rassembler le matériel dans la chambre.
	Ils sortent chacun d'un côté. Stepan marche vers Annenkov d'un pas décidé.
Stepan	Je veux lancer la bombe.
Annenkov	Non, Stepan. Les lanceurs ont déjà été désignés.
Stepan	Je t'en prie. Tu sais ce que cela signifie pour moi.
Annenkov	Non. La règle est la règle. *(Un silence.)* Je ne la lance pas, moi, et je vais attendre ici. La règle est dure.
Stepan	Qui lancera la première bombe?
Kaliayev	Moi. Voinov lance la deuxième.
Stepan	Toi?
Kaliayev	Cela te surprend? Tu n'as donc pas confiance en moi!
Stepan	Il faut de l'expérience.

2 **s'empêcher de faire qc** se retenir de faire qc – **le déguisement** vêtements qu'on met pour ne pas être reconnu, p. ex. au carnaval – 5 **la défroque** un vêtement vieux et en mauvais état (alter Plunder) – 12 **éternel,le** qui n'a pas de fin– 15 **couper qn** *ici:* interrompre qn – **supposer que** *ici:* penser que – 16 **prévenir qn** mettre qn au courant – 23 **désigner qn** nommer qn – 31 **l'expérience** *f* la routine

Kaliayev — De l'expérience? Tu sais très bien qu'on ne la lance jamais qu'une fois et qu'ensuite ... Personne ne l'a jamais lancée deux fois.

Stepan — Il faut une main ferme.

Kaliayev — *(montrant sa main).* Regarde. Crois-tu qu'elle tremblera?

Stepan se détourne.

Kaliayev — Elle ne tremblera pas. Quoi! J'aurais le tyran devant moi et j'hésiterais? Comment peux-tu le croire? Et si même mon bras tremblait, je sais un moyen de tuer le grand-duc à coup sûr.

Annenkov — Lequel?

Kaliayev — Se jeter sous les pieds des chevaux.

Stepan hausse les épaules et va s'asseoir au fond.

Annenkov — Non, cela n'est pas nécessaire. Il faudra essayer de fuir. L'organisation a besoin de toi, tu dois te préserver.

Kaliayev — J'obéirai, Boria! Quel honneur, quel honneur pour moi! Oh! j'en serai digne.

Annenkov — Stepan, tu seras dans la rue, pendant que Yanek et Alexis guetteront la calèche. Tu passeras régulièrement devant nos fenêtres et nous conviendrons d'un signal. Dora et moi attendrons ici le moment de lancer la proclamation. Si nous avons un peu de chance, le grand-duc sera abattu.

Kaliayev — *(dans l'exaltation).* Oui, je l'abattrai! Quel bonheur si c'est un succès! Le grand-duc, ce n'est rien. Il faut frapper plus haut!

Annenkov — D'abord le grand-duc.

Kaliayev — Et si c'est un échec, Boria? Vois-tu, il faudrait imiter les Japonais.

Annenkov — Que veux-tu dire?

Kaliayev — Pendant la guerre, les Japonais ne se rendaient pas. Ils se suicidaient.

Annenkov — Non. Ne pense pas au suicide.

Kaliayev — A quoi donc?

Annenkov — A la terreur, de nouveau.

Stepan — *(parlant au fond).* Pour se suicider, il faut beaucoup s'aimer. Un vrai révolutionnaire ne peut pas s'aimer.

3 **ferme** *ici:* qui ne tremble pas – 8 **à coup sûr** sûrement, certainement – 12 **fuir** s'en aller en courant (p. ex. d'une prison) – 13 **se préserver** rester en vie – 15 **être digne de qc** mériter qc – 17 **guetter qc** attendre qc avec impatience – 18 **convenir de qc** se mettre d'accord sur qc – 21 **l'exaltation** *f* l'agitation *f*; l'enthousiasme *m* – 24 **un échec** *contr:* un succès – 26 **se rendre** *ici:* capituler – 27 **se suicider** se tuer

Kaliayev *(se retournant vivement).* Un vrai révolutionnaire? Pourquoi me traites-tu ainsi? Que t'ai-je fait?

Stepan Je n'aime pas ceux qui entrent dans la révolution parce qu'ils s'ennuient.

Annenkov Stepan!

Stepan *(se levant et descendant vers eux).* Oui, je suis brutal. Mais pour moi, la haine n'est pas un jeu. Nous ne sommes pas là pour nous admirer. Nous sommes là pour réussir.

Kaliayev *(doucement).* Pourquoi m'offenses-tu? Qui t'a dit que je m'ennuyais?

Stepan Je ne sais pas. Tu changes les signaux, tu aimes à jouer le rôle de colporteur, tu dis des vers, tu veux te lancer sous les pieds des chevaux, et maintenant, le suicide ... *(Il le regarde.)* Je n'ai pas confiance en toi.

Kaliayev *(se dominant).* Tu ne me connais pas, frère. J'aime la vie. Je ne m'ennuie pas. Je suis entré dans la révolution parce que j'aime la vie.

Stepan Je n'aime pas la vie, mais la justice qui est au-dessus de la vie.

Kaliayev *(avec un effort visible).* Chacun sert la justice comme il peut. Il faut accepter que nous soyons différents. Il faut nous aimer, si nous le pouvons.

Stepan Nous ne le pouvons pas.

Kaliayev *(éclatant).* Que fais-tu donc parmi nous?

Stepan Je suis venu pour tuer un homme, non pour l'aimer ni pour saluer sa différence.

Kaliayev *(violemment).* Tu ne les tueras pas seul ni au nom de rien. Tu le tueras avec nous et au nom du peuple russe. Voilà ta justification.

Stepan *(même jeu).* Je n'en ai pas besoin. J'ai été justifié en une nuit, et pour toujours, il y a trois ans, au bagne. Et je ne supporterai pas ...

Annenkov Assez! Etes-vous donc fous? Vous souvenez-vous de qui nous sommes? Des frères, confondus les uns aux autres, tournés vers l'exécution des tyrans, pour la libération du pays! Nous tuons

1 **vivement** rapidement, vite – 2 **traiter qn** (jdn behandeln) – 7 **la haine** *contr:* l'amour – 9 **offenser qn** blesser qn par des mots, par des paroles – 23 **éclater** exploser – 25 **saluer sa différence** *ici:* respecter sa haute position – 26 **violemment** brutalement – 28 **la justification** (Rechtfertigung) – 29 **même jeu** de la même façon – 30 **supporter qc** *ici:* permettre qc – 33 **confondus les uns aux autres** unis les uns aux autres

ensemble, et rien ne peut nous séparer. *(Silence. Il les regarde.)* Viens, Stepan, nous devons convenir des signaux …

Stepan sort.

Annenkov *(à Kaliayev).* Ce n'est rien. Stepan a souffert. Je lui parlerai.

Kaliayev *(très pâle).* Il m'a offensé, Boria.

Entre Dora.

Dora *(apercevant Kaliayev).* Qu'y a-t-il?

Annenkov Rien.

Il sort.

Dora *(à Kaliayev).* Qu'y a-t-il?

Kaliayev Nous nous sommes heurtés, déjà. Il ne m'aime pas.

Dora va s'asseoir, en silence. Un temps.

Dora Je crois qu'il n'aime personne. Quand tout sera fini, il sera plus heureux. Ne sois pas triste.

Kaliayev Je suis triste. J'ai besoin d'être aimé de vous tous. J'ai tout quitté pour l'Organisation. Comment supporter que mes frères se détournent de moi? Quelquefois, j'ai l'impression qu'ils ne me comprennent pas. Est-ce ma faute? Je suis maladroit, je le sais …

Dora Ils t'aiment et te comprennent. Stepan est différent.

Kaliayev Non. Je sais ce qu'il pense. Schweitzer le disait déjà: «Trop extraordinaire pour être révolutionnaire.» Je voudrais leur expliquer que je ne suis pas extraordinaire. Ils me trouvent un peu fou, trop spontané. Pourtant, je crois comme eux à l'idée. Comme eux, je veux me sacrifier. Moi aussi, je puis être adroit, taciturne, dissimulé, efficace. Seulement, la vie continue de me paraître merveilleuse. J'aime la beauté, le bonheur! C'est pour cela que je hais le despotisme. Comment leur expliquer? La révolution, bien sûr! Mais la révolution pour la vie, pour donner une chance à la vie, tu comprends?

11 **se heurter** se disputer – 24 **se sacrifier** offrir sa vie pour qc – 25 **taciturne** parlant peu – **efficace** *ici:* qui fait de l'effet – 26 **merveilleux,-se** magnifique – 27 **haïr qn** [air] *contr:* aimer qn

Dora *(avec élan).* Oui … *(Plus bas, après un silence.)* Et pourtant, nous allons donner la mort.

Kaliayev Qui, nous? … Ah, tu veux dire … Ce n'est pas la même chose. Oh non! ce n'est pas la même chose. Et puis, nous tuons pour bâtir un monde où plus jamais personne ne tuera! Nous acceptons d'être criminels pour que la terre se couvre enfin d'innocents.

Dora Et si cela n'était pas?

Kaliayev Tais-toi, tu sais bien que c'est impossible. Stepan aurait raison alors. Et il faudrait cracher à la figure de la beauté.

Dora Je suis plus vieille que toi dans l'Organisation. Je sais que rien n'est simple. Mais tu as la foi … Nous avons tous besoin de foi.

Kaliayev La foi? Non. Un seul l'avait.

Dora Tu as la force de l'âme. Et tu écarteras tout pour aller jusqu'au bout. Pourquoi as-tu demandé à lancer la première bombe?

Kaliayev Peut-on parler de l'action terroriste sans y prendre part?

Dora Non.

Kaliayev Il faut être au premier rang.

Dora *(qui semble réfléchir).* Oui. Il y a le premier rang et il y a le dernier moment. Nous devons y penser. Là est le courage, l'exaltation dont nous avons besoin … dont tu as besoin.

Kaliayev Depuis un an, je ne pense à rien d'autre. C'est pour ce moment que j'ai vécu jusqu'ici. Et je sais maintenant que je voudrais périr sur place, à côté du grand-duc. Perdre mon sang jusqu'à la dernière goutte, ou bien brûler d'un seul coup, dans la flamme de l'explosion, et ne rien laisser derrière moi. Comprends-tu pourquoi j'ai demandé à lancer la bombe? Mourir pour l'idée, c'est la seule façon d'être à la hauteur de l'idée. C'est la justification.

Dora Moi aussi, je désire cette mort-là.

Kaliayev Oui, c'est un bonheur qu'on peut envier. La nuit, je me retourne parfois sur ma paillasse de colporteur. Une pensée me tourmente: ils ont fait de nous des assassins. Mais je pense en même temps que je vais mourir, et alors mon cœur s'apaise. Je souris, vois-tu, et je me rendors comme un enfant.

4 **bâtir qc** construire qc – 6 **un innocent** qn qui ne fait jamais de mal – 7 **si cela n'était pas** si cela n'était pas comme ça – 8 **se taire** ne plus rien dire – 9 **la figure** le visage – 11 **la foi** la croyance – 13 **une âme** (Seele) – **écarter qc** mettre qc en dehors de son chemin – 22 **périr** mourir – 24 **la goutte** (Tropfen) – 27 **être à la hauteur de l'idée** être digne de l'idée – 30 **envier qc** (neidisch sein auf) – 31 **la paillasse** un matelas de paille – 32 **tourmenter qn** faire souffrir qn – **un assassin** qn qui tue qn – 33 **s'apaiser** devenir calme

Dora C'est bien ainsi, Yanek. Tuer et mourir. Mais, à mon avis, il est un bonheur encore plus grand. *(Un temps. Kaliayev la regarde. Elle baisse les yeux.)* L'échafaud.

Kaliayev *(avec fièvre).* J'y ai pensé. Mourir au moment de l'attentat laisse quelque chose d'inachevé. Entre l'attentat et l'échafaud, au contraire, il y a toute une éternité, la seule peut-être, pour l'homme.

Dora *(d'une voix pressante, lui prenant les mains).* C'est la pensée qui doit t'aider. Nous payons plus que nous ne devons.

Kaliayev Que veux-tu dire?

Dora Nous sommes obligés de tuer, n'est-ce pas? Nous sacrifions délibérément une vie et une seule?

Kaliayev Oui.

Dora Mais aller vers l'attentat et puis vers l'échafaud, c'est donner deux fois sa vie. Nous payons plus que nous ne devons.

Kaliayev Oui, c'est mourir deux fois. Merci, Dora. Personne ne peut rien nous reprocher. Maintenant, je suis sûr de moi. *(Silence.)* Qu'as-tu, Dora? Tu ne dis rien?

Dora Je voudrais encore t'aider. Seulement …

Kaliayev Seulement?

Dora Non, je suis folle.

Kaliayev Tu te méfies de moi?

Dora Oh non, mon chéri, je me méfie de moi. Depuis la mort de Schweitzer, j'ai parfois de singulières idées. Et puis, ce n'est pas à moi de te dire ce qui sera difficile.

Kaliayev J'aime ce qui est difficile. Si tu m'estimes, parle.

Dora *(le regardant).* Je sais. Tu es courageux. C'est cela qui m'inquiète. Tu ris, tu t'exaltes, tu marches au sacrifice, plein de ferveur. Mais dans quelques heures, il faudra sortir de ce rêve, et agir. Peut-être vaut-il mieux en parler à l'avance … pour éviter une surprise, une défaillance …

Kaliayev Je n'aurai pas de défaillance. Dis ce que tu penses.

Dora Eh bien, l'attentat, l'échafaud, mourir deux fois, c'est le plus facile. Ton cœur y suffira. Mais le premier rang … *(Elle se tait, le regarde et semble hésiter.)* Au premier rang, tu vas le voir …

3 **un échafaud** une guillotine (Schafott) – 5 **inachevé,e** ce qui n'est pas fini – 8 **pressant,e** *ici:* qui insiste – 12 **délibérément** volontairement – 22 **se méfier de qn** *contr:* avoir confiance en qn – 24 **parfois** quelquefois – **singulier,ère** étonnant – 26 **estimer qn** avoir du respect pour qn – 28 **s'inquiéter** se troubler, se faire du souci – 29 **la ferveur** (Inbrunst, Glut) – 30 **à l'avance** avant – 31 **la défaillance** une faiblesse soudaine

Kaliayev Qui?

Dora Le grand-duc.

Kaliayev Une seconde, à peine.

Dora Une seconde où tu le regarderas! Oh! Yanek, il faut que tu saches, il faut que tu sois prévenu! Un homme est un homme. Le grand-duc a peut-être des yeux compatissants. Tu le verras se gratter l'oreille ou sourire joyeusement. Qui sait, il portera peut-être une petite coupure de rasoir. Et s'il te regarde à ce moment-là …

Kaliayev Ce n'est pas lui que je tue. Je tue le despotisme.

Dora Bien sûr, bien sûr. Il faut tuer le despotisme. Je préparerai la bombe et en scellant le tube, tu sais, au moment le plus difficile, quand les nerfs se tendent, j'aurai cependant un étrange bonheur dans le cœur. Mais je ne connais pas le grand-duc et ce serait moins facile si, pendant ce temps, il était assis devant moi. Toi, tu vas le voir de près. De très près …

Kaliayev *(avec violence).* Je ne le verrai pas.

Dora Pourquoi? Fermeras-tu les yeux?

Kaliayev Non. Mais Dieu aidant, la haine me viendra au bon moment, et m'aveuglera.

On sonne. Un seul coup. Ils s'immobilisent. Entrent Stepan et Voinov.
Voix dans l'antichambre. Entre Annenkov.

Annenkov C'est le portier. Le grand-duc ira au théâtre demain. *(Il les regarde.)* Il faut que tout soit prêt, Dora.

Dora *(d'une voix sourde).* Oui. *(Elle sort lentement.)*

Kaliayev *la regarde sortir et d'une voix douce, se tournant vers Stepan.* Je le tuerai. Avec joie!

Rideau.

6 **compatissant,e** bon; *ici:* qui fait pitié – 8 **le rasoir** instrument pour couper la barbe – 12 **sceller qc** fermer hermétiquement – 19 **Dieu aidant** avec l'aide de Dieu – 20 **aveugler qn** faire en sorte que qn ne voit plus – 21 **s'immobiliser** ne plus bouger – 26 **d'une voix sourde** (mit dumpfer Stimme)

Acte deuxième

Le lendemain soir. Même lieu.
Annenkov est à la fenêtre. Dora près de la table.

Annenkov Ils sont en place. Stepan a allumé sa cigarette.

Dora A quelle heure le grand-duc doit-il passer?

Annenkov D'un moment à l'autre. Ecoute. N'est-ce pas une calèche? Non.

Dora Assieds-toi. Sois patient.

Annenkov Et les bombes?

Dora Assieds-toi. Nous ne pouvons plus rien faire.

Annenkov Si. Les envier.

Dora Ta place est ici. Tu es le chef.

Annenkov Je suis le chef. Mais Yanek vaut mieux que moi et c'est lui qui, peut-être …

Dora Le risque est le même pour tous. Celui qui lance et celui qui ne lance pas.

Annenkov Le risque est finalement le même. Mais pour le moment, Yanek et Alexis sont sur la ligne de feu. Je sais que je ne dois pas être avec eux. Quelquefois, pourtant, j'ai peur de consentir trop facilement à mon rôle. C'est commode, après tout, d'être forcé de ne pas lancer la bombe.

Dora Et quand cela serait? L'essentiel est que tu fasses ce qu'il faut, et jusqu'au bout.

Annenkov Comme tu es calme!

Dora Je ne suis pas calme: j'ai peur. Voilà trois ans que je suis avec vous, deux ans que je fabrique les bombes. J'ai tout exécuté et je crois que je n'ai rien oublié.

Annenkov Bien sûr, Dora.

Dora Eh bien, voilà trois ans que j'ai peur, de cette peur qui vous quitte à peine avec le sommeil, et qu'on retrouve toute fraîche au matin. Alors il a fallu que je m'habitue. J'ai appris à être calme au moment où j'ai le plus peur. Il n'y a pas de quoi être fière.

Annenkov Sois fière, au contraire. Moi, je n'ai rien dominé. Sais-tu que je

6 **être patient** attendre avec calme – 17 **consentir à** dire oui – 20 **l'essentiel** *m* la chose principale – 28 **le sommeil** (Schlaf) – 30 **il n'y a pas de quoi** il n'y a aucune raison de

regrette les jours d'autrefois, la vie brillante, les femmes … Oui, j'aimais les femmes, le vin, ces nuits qui n'en finissaient pas.

Dora Je m'en doutais, Boria. C'est pourquoi je t'aime tant. Ton cœur n'est pas mort. Même s'il désire encore le plaisir, cela vaut mieux que cet affreux silence qui s'installe, parfois, à la place même du cri.

Annenkov Que dis-tu là? Toi? Ce n'est pas possible?

Dora Ecoute.

Dora se dresse brusquement. Un bruit de calèche, puis le silence.

Dora Non. Ce n'est pas lui. Mon cœur bat. Tu vois, je n'ai encore rien appris.

Annenkov *(il va à la fenêtre).* Attention. Stepan fait un signe. C'est lui.

On entend en effet un roulement lointain de calèche, qui se rapproche de plus en plus, passe sous les fenêtres et commence à s'éloigner. Long silence.

Annenkov Dans quelques secondes … *(Ils écoutent.)*

Annenkov Comme c'est long.

Dora fait un geste. Long silence.
On entend des cloches, au loin.

Annenkov Ce n'est pas possible. Yanek aurait déjà lancé sa bombe … la calèche doit être arrivée au théâtre. Et Alexis? Regarde! Stepan revient sur ses pas et court vers le théâtre.

Dora *(se jetant sur lui).* Yanek est arrêté. Il est arrêté, c'est sûr. Il faut faire quelque chose.

Annenkov Attends. *(Il écoute.)* Non. C'est fini.

Dora Comment est-ce arrivé? Yanek, arrêté sans avoir rien fait! Il était prêt à tout, je le sais. Il voulait la prison, et le procès. Mais après avoir tué le grand-duc! Pas ainsi, non, pas ainsi!

Annenkov *(regardant au dehors).* Voinov! Vite!

Dora va ouvrir.
Entre Voinov, le visage décomposé.

3 **se douter de qc** supposer qc – 5 **affreux,-se** horrible – 9 **se dresser** se mettre droit, se lever – 15 **se rapprocher** s'approcher – 32 **décomposé,e** (verstört)

Annenkov Alexis, vite, parle.

Voinov Je ne sais rien. J'attendais la première bombe. J'ai vu la voiture prendre le tournant et rien ne s'est passé. J'ai perdu la tête. J'ai cru qu'au dernier moment, tu avais changé nos plans, j'ai hésité. Et puis, j'ai couru jusqu'ici ...

Annenkov Et Yanek?

Voinov Je ne l'ai pas vu.

Dora Il est arrêté.

Annenkov *(regardant toujours dehors).* Le voilà!

Même jeu de scène. Entre Kaliayev, le visage couvert de larmes.

Kaliayev *(dans l'égarement).* Frères, pardonnez-moi. Je n'ai pas pu.

Dora va vers lui et lui prend la main.

Dora Ce n'est rien.

Annenkov Que s'est-il passé?

Dora *(à Kaliayev).* Ce n'est rien. Quelquefois, au dernier moment, tout s'écroule.

Annenkov Mais ce n'est pas possible.

Dora Laisse-le. Tu n'es pas le seul, Yanek. Schweitzer, non plus, la première fois, n'a pas pu.

Annenkov Yanek, tu as eu peur?

Kaliayev *(sursautant).* Peur, non. Tu n'as pas le droit!

On frappe le signal convenu. Voinov sort sur un signe d'Annenkov. Kaliayev est prostré. Silence. Entre Stepan.

Annenkov Alors?

Stepan Il y avait des enfants dans la calèche du grand-duc.

Annenkov Des enfants?

Stepan Oui. Le neveu et la nièce du grand-duc.

Annenkov Le grand-duc devait être seul, selon Orlov.

Stepan Il y avait aussi la grande-duchesse. Cela faisait trop de monde, je suppose, pour notre poète. Par bonheur, les mouchards n'ont rien vu

Annenkov parle à voix basse à Stepan. Tous regardent Kaliayev qui lève les yeux vers Stepan.

11 **dans l'égarement** très troublé – 16 **s'écrouler** tomber – 21 **sursauter** faire un mouvement brusque – 23 **prostré,e** à bout de force

Kaliayev *(égaré).* Je ne pouvais pas prévoir ... Des enfants, des enfants surtout. As-tu regardé des enfants? Ce regard grave qu'ils ont parfois ... Je n'ai jamais pu soutenir ce regard ... Une seconde auparavant, pourtant, dans l'ombre, au coin de la petite place, j'étais heureux. Quand les lanternes de la calèche ont commencé à briller au loin, mon cœur s'est mis à battre de joie, je te le jure. Il battait de plus en plus fort à mesure que le roulement de la calèche grandissait. Il faisait tant de bruit en moi. J'avais envie de bondir. Je crois que je riais. Et je disais «oui, oui» ... Tu comprends?

Il quitte Stepan du regard et reprend son attitude affaissée.

J'ai couru vers elle. C'est à ce moment que je les ai vus. Ils ne riaient pas, eux. Ils se tenaient tout droits et regardaient dans le vide. Comme ils avaient l'air triste! Perdus dans leurs habits de parade, les mains sur les cuisses, le buste raide de chaque côté de la portière! Je n'ai pas vu la grande-duchesse. Je n'ai vu qu'eux. S'ils m'avaient regardé, je crois que j'aurais lancé la bombe. Pour éteindre au moins ce regard triste. Mais ils regardaient toujours devant eux.

Il lève les yeux vers les autres. Silence. Plus bas encore.

Alors, je ne sais pas ce qui s'est passé. Mon bras est devenu faible. Mes jambes tremblaient. Une seconde après, il était trop tard. *(Silence. Il regarde à terre.)* Dora, ai-je rêvé, il m'a semblé que les cloches sonnaient à ce moment-là?

Dora Non, Yanek, tu n'as pas rêvé.

Elle pose la main sur son bras. Kaliayev relève la tête et les voit tous tournés vers lui. Il se lève.

Kaliayev Regardez-moi, frères, regarde-moi, Boria, je ne suis pas un lâche, je n'ai pas reculé. Je ne les attendais pas. Tout s'est passé trop vite. Ces deux petits visages sérieux et dans ma main, ce poids terrible. C'est sur eux qu'il fallait le lancer. Ainsi. Tout droit. Oh, non! Je n'ai pas pu.

1 **prévoir qc** voir, imaginer qc dans l'avenir – 3 **soutenir qc** supporter qc – 4 **auparavant** avant – 6 **jurer** *ici:* affirmer fortement – 9 **bondir** sauter – 11 **affaissé,e** dépressif,ve – 15 **la cuisse** partie supérieure de la jambe – **le buste** la poitrine – **raide** droit – 16 **la portière** la porte d'une voiture – 18 **éteindre qc** *ici:* arrêter qc – 29 **reculer** aller en arrière

Il tourne son regard de l'un à l'autre.

Autrefois, quand je conduisais la voiture, chez nous, en Ukraine, j'allais comme le vent, je n'avais peur de rien. De rien au monde, sinon de renverser un enfant. J'imaginais le choc, cette tête frêle frappant la route, à la volée … *(Il se tait.)* Aidez-moi … *(Silence.)*

Je voulais me tuer. Je suis revenu parce que je pensais que je vous devais des comptes, que vous étiez mes seuls juges, que vous me diriez si j'avais tort ou raison, que vous ne pouviez pas vous tromper. Mais vous ne dites rien.

Dora se rapproche de lui, à le toucher. Il les regarde, et, d'une voix morne:

Voilà ce que je propose. Si vous décidez qu'il faut tuer ces enfants, j'attendrai la sortie du théâtre et je lancerai seul la bombe sur la calèche. Je sais que je ne manquerai pas mon but. Décidez seulement, j'obéirai à l'Organisation.

Stepan L'organisation t'avait commandé de tuer le grand-duc.

Kaliayev C'est vrai. Mais elle ne m'avait pas demandé d'assassiner des enfants.

Annenkov Yanek a raison. Ceci n'était pas prévu.

Stepan Il devait obéir.

Annenkov Je suis le responsable. Il fallait que tout fût prévu et que personne ne pût hésiter sur ce qu'il y avait à faire. Il faut seulement décider si nous laissons échapper définitivement cette occasion ou si nous ordonnons à Yanek d'attendre la sortie du théâtre. Alexis?

Voinov Je ne sais pas. Je crois que j'aurais fait comme Yanek. Mais je ne suis pas sûr de moi. *(Plus bas.)* Mes mains tremblent.

Annenkov Dora?

Dora *(avec violence).* J'aurais reculé, comme Yanek. Puis-je conseiller aux autres ce que moi-même je ne pourrais pas faire?

Stepan Est-ce que vous vous rendez compte de ce que signifie cette décision? Deux mois de filatures, de terribles dangers courus et évités, deux mois perdus à jamais. Egor arrêté pour rien. Rikov

4 **renverser** *ici:* écraser – **frêle** *contr:* robuste – 5 **à la volée** *ici:* brutalement – 8 **devoir des comptes à qn** (Rechenschaft schulden) – 12 **morne** triste, mélancolique – 22 **le responsable** qn qui doit accepter les conséquences de ce qu'il a fait ou qn d'autre a fait – 24 **laisser échapper** *ici:* laisser passer, laisser partir – 25 **ordonner qc à qn** faire faire qc à qn – 33 **la filature** (heimliche Beobachtung, Beschattung)

	pendu pour rien. Et il faudrait recommencer? Encore de longues semaines de veilles et de ruses, de tension incessante, avant de retrouver l'occasion propice? Etes-vous fous?
Annenkov	Dans deux jours, le grand-duc retournera au théâtre, tu le sais bien.
Stepan	Deux jours où nous risquons d'être pris, tu l'as dit toi-même.
Kaliayev	Je pars.
Dora	Attends! *(A Stepan.)* Pourrais-tu, toi, Stepan, les yeux ouverts, tirer à bout portant sur un enfant?
Stepan	Je le pourrais si l'Organisation le commandait.
Dora	Pourquoi fermes-tu les yeux?
Stepan	Moi? J'ai fermé les yeux?
Dora	Oui.
Stepan	Alors, c'était pour mieux imaginer la scène et répondre en connaissance de cause.
Dora	Ouvre les yeux et comprends que l'Organisation perdrait ses pouvoirs et son influence si elle tolérait, un seul moment, que des enfants fussent broyés par nos bombes.
Stepan	Je n'ai pas assez de cœur pour ces niaiseries. Quand nous nous déciderons à oublier les enfants, ce jour-là, nous serons les maîtres du monde et la révolution triomphera.
Dora	Ce jour-là, la révolution sera haïe de l'humanité entière.
Stepan	Qu'importe si nous l'aimons assez pour l'imposer à l'humanité entière et la sauver d'elle-même et de son esclavage.
Dora	Et si l'humanité entière rejette la révolution? Et si le peuple entier, pour qui tu luttes, refuse que ses enfants soient tués? Faudra-t-il le frapper aussi?
Stepan	Oui, s'il le faut, et jusqu'à ce qu'il comprenne. Moi aussi, j'aime le peuple.
Dora	L'amour n'a pas ce visage.
Stepan	Qui le dit?
Dora	Moi, Dora.
Stepan	Tu es une femme et tu as une idée malheureuse de l'amour.
Dora	*(avec violence).* Mais j'ai une idée juste de ce qu'est la honte.
Stepan	J'ai eu honte de moi-même, une seule fois, et par la faute des

1 **pendu** (gehenkt) – 2 **la veille** *ici:* c'est quand on ne dort pas et fait attention à qc – **la ruse** moyen de tromper qn (List) – **la tension** la concentration – **incessant** qui ne s'arrête jamais – 3 **propice** favorable – 8 **à bout portant** de très près – 13 **en connaissance de cause** en connaissant les faits – 17 **broyer qn** écraser qn – 18 **la niaiserie** la bêtise – 22 **qu'importe** cela n'a pas d'importance – **imposer qc à qn** ordonner qc à qn – 23 **l'esclavage** *m contr:* la liberté – 25 **lutter pour** se battre pour – 33 **la honte** (Scham)

autres. Quand on m'a donné le fouet. Car on m'a donné le fouet. Le fouet, savez-vous ce qu'il est? Véra était près de moi et elle s'est suicidée par protestation. Moi, j'ai vécu. De quoi aurais-je honte, maintenant?

Annenkov Stepan, tout le monde ici t'aime et te respecte. Mais quelles que soient tes raisons, je ne puis te laisser dire que tout est permis. Des centaines de nos frères sont morts pour qu'on sache que tout n'est pas permis.

Stepan Rien n'est défendu de ce qui peut servir notre cause.

Annenkov *(avec colère).* Est-il permis de rentrer dans la police et de jouer sur deux tableaux, comme le proposait Evno? Le ferais-tu?

Stepan Oui, s'il le fallait.

Annenkov *(se levant).* Stepan, nous oublierons ce que tu viens de dire, en considération de ce que tu as fait pour nous et avec nous. Souviens-toi seulement de ceci. Il s'agit de savoir si, tout à l'heure, nous lancerons des bombes contre ces deux enfants.

Stepan Des enfants! Vous n'avez que ce mot à la bouche. Ne comprenez-vous donc rien? Parce que Yanek n'a pas tué ces deux-là, des milliers d'enfants russes mourront de faim pendant des années encore. Avez-vous vu des enfants mourir de faim? Moi, oui. Et la mort par la bombe est un enchantement à côté de cette mort-là. Mais Yanek ne les a pas vus. Il n'a vu que les deux chiens savants du grand-duc. N'êtes-vous donc pas des hommes? Vivez-vous dans le seul instant? Alors choisissez la charité et guérissez seulement le mal de chaque jour, non la révolution qui veut guérir tous les maux, présents et à venir.

Dora Yanek accepte de tuer le grand-duc puisque sa mort peut avancer le temps où les enfants russes ne mourront plus de faim. Cela déjà n'est pas facile. Mais la mort des neveux du grand-duc n'empêchera aucun enfant de mourir de faim. Même dans la destruction, il y a un ordre, il y a des limites.

Stepan *(violemment).* Il n'y a pas de limites. La vérité est que vous ne croyez pas à la révolution.

Tous se lèvent, sauf Yanek.

Vous n'y croyez pas. Si vous y croyiez totalement,

10 **jouer sur deux tableaux** jouer double jeu – 14 **en considération de** en pensant à – 21 **un enchantement** une chose merveilleuse – 24 **la charité** le fait de faire du bien

complètement, si vous étiez sûrs que par nos sacrifices et nos victoires, nous arriverons à bâtir une Russie libérée du despotisme, une terre de liberté qui finira par recouvrir le monde entier, si vous ne doutiez pas qu'alors, l'homme, libéré de ses maîtres et de ses préjugés, lèvera vers le ciel la face des vrais dieux, que pèserait la mort de deux enfants? Vous vous reconnaîtriez tous les droits, tous, vous m'entendez. Et si cette mort vous arrête, c'est que vous n'êtes pas sûrs d'être dans votre droit. Vous ne croyez pas à la révolution.

Silence. Kaliayev se lève.

Kaliayev — Stepan, j'ai honte de moi et pourtant je ne te laisserai pas continuer. J'ai accepté de tuer pour renverser le despotisme. Mais derrière ce que tu dis, je vois s'annoncer un despotisme qui, s'il s'installe jamais, fera de moi un assassin alors que j'essaie d'être un justicier.

Stepan — Qu'importe que tu ne sois pas un justicier, si justice est faite, même par des assassins. Toi et moi, ne sommes rien.

Kaliayev — Nous sommes quelque chose et tu le sais bien puisque c'est au nom de ton orgueil que tu parles encore aujourd'hui.

Stepan — Mon orgueil ne regarde que moi. Mais l'orgueil des hommes, leur révolte, l'injustice où ils vivent, cela, c'est notre affaire à tous.

Kaliayev — Les hommes ne vivent pas que de justice.

Stepan — Quand on leur vole le pain, de quoi vivraient-ils donc, sinon de justice?

Kaliayev — De justice et d'innocence.

Stepan — L'innocence? Je la connais peut-être. Mais j'ai choisi de l'ignorer et de la faire ignorer à des milliers d'hommes pour qu'elle prenne un jour un sens plus grand.

Kaliayev — Il faut être bien sûr que ce jour arrive pour nier tout ce qui fait qu'un homme consente à vivre.

Stepan — J'en suis sûr.

Kaliayev — Tu ne peux pas l'être. Pour savoir qui, de toi ou de moi, a raison, il faudra peut-être le sacrifice de trois générations, plusieurs guerres, de terribles révolutions. Quand cette pluie de sang aura

3 **finir par faire qc** faire enfin qc – **recouvrir qc** couvrir complètement qc – 4 **douter** *contr:* avoir confiance – 5 **le préjugé** opinion qu'on a avant de connaître les faits – 7 **reconnaître qc à qn** donner qc à qn – 8 **être dans son droit** avoir raison – 15 **le justicier** qn qui agit au nom de la justice – 19 **un orgueil** (Selbstüberschätzung) – 28 **le sens** *ici:* la signification – 29 **nier** *ici:* refuser

séché sur la terre, toi et moi serons mêlés depuis longtemps à la poussière.

Stepan D'autres viendront alors, et je les salue comme mes frères.

Kaliayev *(criant).* D'autres ... Oui! Mais moi, j'aime ceux qui vivent aujourd'hui sur la même terre que moi, et c'est eux que je salue. C'est pour eux que je lutte et que je consens à mourir. Et pour une cité lointaine, dont je ne suis pas sûr, je n'irai pas frapper le visage de mes frères. Je n'irai pas ajouter à l'injustice vivante pour une justice morte. *(Plus bas, mais fermement.)* Frères, je veux vous parler franchement et vous dire au moins ceci que pourrait dire le plus simple de nos paysans: tuer des enfants est contraire à l'honneur. Et, si un jour, moi vivant, la révolution devait se séparer de l'honneur, je m'en détournerais. Si vous le décidez, j'irai tout à l'heure à la sortie du théâtre, mais je me jetterai sous les chevaux.

Stepan L'honneur est un luxe réservé à ceux qui ont des calèches.

Kaliayev Non. Il est la dernière richesse du pauvre. Tu le sais bien et tu sais aussi qu'il y a un honneur dans la révolution. C'est celui pour lequel nous acceptons de mourir. C'est celui qui t'a dressé un jour sous le fouet, Stepan, et qui te fait parler encore aujourd'hui

Stepan *(dans un cri).* Tais-toi. Je te défends de parler de cela.

Kaliayev *(emporté).* Pourquoi me tairais-je? Je t'ai laissé dire que je ne croyais pas à la révolution. C'était me dire que j'étais capable de tuer le grand-duc pour rien, que j'étais un assassin. Je te l'ai laissé dire et je ne t'ai pas frappé.

Annenkov Yanek!

Stepan C'est tuer pour rien, parfois, que de ne pas tuer assez.

Annenkov Stepan, personne ici n'est de ton avis. La décision est prise.

Stepan Je m'incline donc. Mais je répéterai que la terreur ne convient pas aux délicats. Nous sommes des meurtriers et nous avons choisi de l'être.

Kaliayev *(hors de lui).* Non. J'ai choisi de mourir pour que le meurtre ne triomphe pas. J'ai choisi d'être innocent.

1 **sécher** devenir sec – **mêler** mettre ensemble – 10 **franchement** ouvertement – 12 **moi vivant** si je vis encore – 23 **emporté,e** en colère – 24 **être capable de faire qc** pouvoir faire qc – 30 **s'incliner** *ici:* obéir – **convenir à** aller à – 31 **délicat,e** sensible

Annenkov Yanek et Stepan, assez! L'Organisation décide que le meurtre de ces enfants est inutile. Il faut reprendre la filature. Nous devons être prêts à recommencer dans deux jours.

Stepan Et si les enfants sont encore là?

Annenkov Nous attendrons une nouvelle occasion.

Stepan Et si la grande-duchesse accompagne le grand-duc?

Kaliayev Je ne l'épargnerai pas.

Annenkov Ecoutez.

Un bruit de calèche. Kaliayev se dirige irrésistiblement vers la fenêtre. Les autres attendent. La calèche se rapproche, passe sous les fenêtres et disparaît.

Voinov *(regardant Dora, qui vient vers lui).* Recommencer, Dora ...

Stepan *(avec mépris).* Oui, Alexis, recommencer ... Mais il faut bien faire quelque chose pour l'honneur!

Rideau.

7 **épargner qn** laisser vivre qn – 9 **irrésistiblement** ne pouvant pas s'empêcher de faire qc – 13 **le mépris** *contr:* l'estime (Verachtung)

Acte troisième

Même lieu, même heure, deux jours après.

Stepan Que fait Voinov? Il devrait être là.

Annenkov Il a besoin de dormir. Et nous avons encore une demi-heure devant nous.

Stepan Je puis aller aux nouvelles.

Annenkov Non. Il faut limiter les risques. *(Silence.)*

Annenkov Yanek, pourquoi ne dis-tu rien?

Kaliayev Je n'ai rien à dire. Ne t'inquiète pas. *(On sonne).*

Kaliayev Le voilà.

Entre Voinov.

Annenkov As-tu dormi?

Voinov Un peu, oui.

Annenkov As-tu dormi la nuit entière?

Voinov Non.

Annenkov Il le fallait. Il y a des moyens.

Voinov J'ai essayé. J'étais trop fatigué.

Annenkov Tes mains tremblent.

Voinov Non.

Tous le regardent.

Qu'avez-vous à me regarder? Ne peut-on être fatigué?

Annenkov On peut être fatigué. Nous pensons à toi.

Voinov *(avec une violence soudaine).* Il fallait y penser avant-hier. Si la bombe avait été lancée, il y a deux jours, nous ne serions plus fatigués.

Kaliayev Pardonne-moi, Alexis. J'ai rendu les choses plus difficiles.

Voinov *(plus bas).* Qui dit cela? Pourquoi plus difficiles? Je suis fatigué, voilà tout.

Dora Tout ira vite, maintenant. Dans une heure, ce sera fini.

Voinov Oui, ce sera fini. Dans une heure …

5 **je puis aller aux nouvelles** je peux aller chercher des nouvelles

Il regarde autour de lui. Dora va vers lui et lui prend la main. Il abandonne sa main, puis l'arrache avec violence.

Voinov: Boria, je voudrais te parler.

Annenkov: En particulier?

Voinov: En particulier.

Ils se regardent. Kaliayev, Dora et Stepan sortent.

Annenkov: Qu'y a-t-il?

Voinov se tait.

Dis-le moi, je t'en prie.

Voinov: J'ai honte, Boria. *(Silence.)* J'ai honte. Je dois te dire la vérité.

Annenkov: Tu ne veux pas lancer la bombe?

Voinov: Je ne pourrai pas la lancer.

Annenkov: As-tu peur? N'est-ce que cela? Il n'y a pas de honte.

Voinov: J'ai peur et j'ai honte d'avoir peur.

Annenkov: Mais avant-hier, tu étais joyeux et fort. Lorsque tu es parti, tes yeux brillaient.

Voinov: J'ai toujours eu peur. Avant-hier, j'avais rassemblé mon courage, voilà tout. Lorsque j'ai entendu la calèche rouler au loin, je me suis dit: «Allons! Plus qu'une minute.» Je serrais les dents. Tous mes muscles étaient tendus. J'allais lancer la bombe avec autant de violence que si elle devait tuer le grand-duc sous le choc. J'attendais la première explosion pour faire éclater toute cette force accumulée en moi. Et puis, rien. La calèche est arrivée sur moi. Comme elle roulait vite! Elle m'a dépassé. J'ai compris alors que Yanek n'avait pas lancé la bombe. A ce moment, un froid terrible m'a saisi. Et tout d'un coup, je me suis senti faible comme un enfant.

Annenkov: Ce n'était rien, Alexis. La vie reflue ensuite.

Voinov: Depuis deux jours, la vie n'est pas revenue. Je t'ai menti tout à l'heure, je n'ai pas dormi cette nuit. Mon cœur battait trop fort. Oh! Boria, je suis désespéré.

4 **en particulier** *ici:* en tête à tête – 11 **la vérité** *adj:* vrai – 16 **joyeux,-se** gai – 20 **plus qu'une minute** il n'y a plus qu'une minute – 24 **accumuler qc** amasser qc, grouper qc – 27 **saisir qc** prendre qc – 29 **refluer** *ici:* revenir

Annenkov Tu ne dois pas l'être. Nous avons tous été comme toi. Tu ne lanceras pas la bombe. Un mois de repos en Finlande, et tu reviendras parmi nous.

Voinov Non. C'est autre chose. Si je ne lance pas la bombe maintenant, je ne la lancerai jamais.

Annenkov Quoi donc?

Voinov Je ne suis pas fait pour la terreur. Je le sais maintenant. Il vaut mieux que je vous quitte. Je militerai dans les comités, à la propagande.

Annenkov Les risques sont les mêmes.

Voinov Oui, mais on peut agir en fermant les yeux. On ne sait rien.

Annenkov Que veux-tu dire?

Voinov *(avec fièvre).* On ne sait rien. C'est facile d'avoir des réunions, de discuter la situation et de transmettre ensuite l'ordre d'exécution. On risque sa vie, bien sûr, mais à tâtons, sans rien voir. Tandis que se tenir debout, quand le soir tombe sur la ville, au milieu de la foule de ceux qui pressent le pas pour retrouver la soupe brûlante, des enfants, la chaleur d'une femme, se tenir debout et muet, avec le poids de la bombe au bout du bras, et savoir que dans trois minutes, dans deux minutes, dans quelques secondes, on s'élancera au-devant d'une calèche étincelante, voilà la terreur. Et je sais maintenant que je ne pourrai recommencer sans me sentir vidé de mon sang. Oui, j'ai honte. J'ai visé trop haut. Il faut que je travaille à ma place. Une toute petite place. La seule dont je sois digne.

Annenkov Il n'y a pas de petite place. La prison et la potence sont toujours au bout.

Voinov Mais on ne les voit pas comme on voit celui qu'on va tuer. Il faut les imaginer. Par chance, je n'ai pas d'imagination. *(Il rit nerveusement.)* Je ne suis jamais arrivé à croire réellement à la police secrète. Bizarre, pour un terroriste, hein? Au premier coup de pied dans le ventre, j'y croirai. Pas avant.

Annenkov Et une fois en prison? En prison, on sait et on voit. Il n'y a plus d'oubli.

8 **militer** lutter, combattre – 14 **transmettre qc à qn** communiquer qc à qn – 15 **à tâtons** sans rien voir, en cherchant avec les mains – 17 **presser le pas** faire vite – 18 **la chaleur** *adj:* chaud – 19 **muet,te** qui ne peut pas parler; *ici:* sans rien dire – **au bout du bras** dans la main – 21 **étincelant,e** brillant – 24 **viser trop haut** *ici:* trop désirer – 26 **la potence** (Galgen) – 34 **l'oubli** *m verbe:* oublier

Voinov En prison, il n'y a pas de décision à prendre. Oui, c'est cela, ne plus prendre de décision! N'avoir plus à se dire: «Allons, c'est à toi, il faut que, toi, tu décides de la seconde où tu vas t'élancer.» Je suis sûr maintenant que si je suis arrêté, je n'essaierai pas de m'évader. Pour s'évader, il faut encore de l'invention, il faut prendre l'initiative. Si on ne s'évade pas, ce sont les autres qui gardent l'initiative. Ils ont tout le travail.

Annenkov Ils travaillent à vous pendre, quelquefois.

Voinov *(avec désespoir).* Quelquefois. Mais il me sera moins difficile de mourir que de porter ma vie et celle d'un autre à bout de bras et de décider du moment où je précipiterai ces deux vies dans les flammes. Non, Boria, la seule façon que j'aie de me racheter, c'est d'accepter ce que je suis.

Annenkov se tait.

Même les lâches peuvent servir la révolution. Il suffit de trouver leur place.

Annenkov Alors, nous sommes tous des lâches. Mais nous n'avons pas toujours l'occasion de le vérifier. Tu feras ce que tu voudras.

Voinov Je préfère partir tout de suite. Il me semble que je ne pourrais pas les regarder en face. Mais tu leur parleras.

Annenkov Je leur parlerai. *(Il avance vers lui.)*

Voinov Dis à Yanek que ce n'est pas de sa faute. Et que je l'aime, comme je vous aime tous.

Silence. Annenkov l'embrasse.

Annenkov Adieu, frère. Tout finira. La Russie sera heureuse.

Voinov *(s'enfuyant).* Oh oui. Qu'elle soit heureuse! Qu'elle soit heureuse!

Annenkov va à la porte.

Annenkov Venez.

Tous entrent avec Dora.

Stepan Qu'y a-t-il?

5 **s'évader de** fuir – **l'invention** *f ici:* l'imagination *f* – 11 **précipiter qc** jeter, lancer qc – 12 **se racheter** se réhabiliter – 18 **vérifier qc** *ici:* se rendre compte si quelque chose est vrai

Annenkov Voinov ne lancera pas la bombe. Il est épuisé. Ce ne serait pas sûr.

Kaliayev C'est de ma faute, n'est-ce pas, Boria?

Annenkov Il te fait dire qu'il t'aime.

Kaliayev Le reverrons-nous?

Annenkov Peut-être. En attendant, il nous quitte.

Stepan Pourquoi?

Annenkov Il sera plus utile dans les Comités.

Stepan L'a-t-il demandé? Il a donc peur?

Annenkov Non. J'ai décidé de tout.

Stepan A une heure de l'attentat, tu nous prives d'un homme?

Annenkov A une heure de l'attentat, il m'a fallu décider seul. Il est trop tard pour discuter. Je prendrai la place de Voinov.

Stepan Ceci me revient de droit.

Kaliayev *(à Annenkov).* Tu es le chef. Ton devoir est de rester ici.

Annenkov Un chef a quelquefois le devoir d'être lâche. Mais à condition qu'il éprouve sa fermeté, à l'occasion. Ma décision est prise. Stepan, tu me remplaceras pendant le temps qu'il faudra. Viens, tu dois connaître les instructions.

Ils sortent. Kaliayev va s'asseoir. Dora va vers lui et tend une main. Mais elle se ravise.

Dora Ce n'est pas de ta faute.

Kaliayev Je lui ai fait du mal, beaucoup de mal. Sais-tu ce qu'il me disait l'autre jour?

Dora Il répétait sans cesse qu'il était heureux.

Kaliayev Oui, mais il m'a dit qu'il n'y avait pas de bonheur pour lui, hors de notre communauté. «Il y a nous, disait-il, l'Organisation. Et puis, il n'y a rien. C'est une chevalerie.» Quelle pitié, Dora!

Dora Il reviendra.

Kaliayev Non. J'imagine ce que je ressentirais à sa place. Je serais désespéré.

Dora Et maintenant, ne l'es-tu pas?

Kaliayev *(avec tristesse).* Maintenant? Je suis avec vous et je suis heureux comme il l'était.

Dora *(lentement).* C'est un grand bonheur.

1 **épuisé,e** très fatigué, à bout de forces – 11 **à une heure de l'attentat** une heure avant l'attentat – **priver qn de qc** enlever, refuser qc à qn – 14 **ceci me revient de droit** j'ai un droit sur cela – 17 **éprouver qc** mettre à l'épreuve – 21 **se raviser** changer d'avis – 28 **la chevalerie** institution militaire d'un caractère religieux – **quelle pitié** quel dommage – 30 **ressentir** sentir (empfinden)

Kaliayev C'est un bien grand bonheur. Ne penses-tu pas comme moi?

Dora Je pense comme toi. Alors pourquoi es-tu triste? Il y a deux jours ton visage resplendissait. Tu semblais marcher vers une grande fête. Aujourd'hui …

Kaliayev *(se levant, dans une grande agitation).* Aujourd'hui, je sais ce que je ne savais pas. Tu avais raison, ce n'est pas si simple. Je croyais que c'était facile de tuer, que l'idée suffisait, et le courage. Mais je ne suis pas si grand et je sais maintenant qu'il n'y a pas de bonheur dans la haine. Tout ce mal, tout ce mal, en moi et chez les autres. Le meurtre, la lâcheté, l'injustice … Oh il faut, il faut que je le tue … Mais j'irai jusqu'au bout! Plus loin que la haine!

Dora Plus loin? Il n'y a rien.

Kaliayev Il y a l'amour.

Dora L'amour? Non, ce n'est pas ce qu'il faut.

Kaliayev Oh Dora, comment dis-tu cela, toi dont je connais le cœur …

Dora Il y a trop de sang, trop de dure violence. Ceux qui aiment vraiment la justice n'ont pas droit à l'amour. Ils sont dressés comme je suis, la tête levée, les yeux fixes. Que viendrait faire l'amour dans ces cœurs fiers? L'amour courbe doucement les têtes, Yanek. Nous, nous avons la nuque raide.

Kaliayev Mais nous aimons notre peuple.

Dora Nous l'aimons, c'est vrai. Nous l'aimons d'un vaste amour sans appui, d'un amour malheureux. Nous vivons loin de lui, enfermés dans nos chambres, perdus dans nos pensées. Et le peuple, lui, nous aime-t-il? Sait-il que nous l'aimons? Le peuple se tait. Quel silence, quel silence …

Kaliayev Mais c'est cela l'amour, tout donner, tout sacrifier sans espoir de retour.

Dora Peut-être. C'est l'amour absolu, la joie pure et solitaire, c'est celui qui me brûle en effet. A certaines heures, pourtant, je me demande si l'amour n'est pas autre chose, s'il peut cesser d'être un monologue, et s'il n'y a pas une réponse, quelquefois. J'imagine cela, vois-tu: le soleil brille, les têtes se courbent doucement, le cœur quitte sa fierté, les bras s'ouvrent. Ah! Yanek, si l'on pouvait oublier, ne fût-ce qu'une heure, l'atroce

3 **resplendir** briller – 20 **courber qc** plier qc – 21 **la nuque** (Nacken) – 23 **vaste** très grand – 28 **sans espoir de retour** sans espoir de recevoir qc pour cela – 30 **solitaire** seul – 35 **doucement** lentement, légèrement – 36 **atroce** horrible

misère de ce monde et se laisser aller enfin. Une seule petite heure d'égoïsme, peux-tu penser à cela?

Kaliayev Oui, Dora, cela s'appelle la tendresse. zärtlichkeit

Dora Tu devines tout, mon chéri, cela s'appelle la tendresse. Mais la connais-tu vraiment? Est-ce que tu aimes la justice avec tendresse?

Kaliayev se tait.

Est-ce que tu aimes notre peuple avec cet abandon et cette douceur, ou, au contraire, avec la flamme de la vengeance et de la révolte? *(Kaliayev se tait toujours.)* Tu vois. *(Elle va vers lui, et d'un ton très faible.)* Et moi, m'aimes-tu avec tendresse?

Kaliayev la regarde.

Kaliayev *(après un silence).* Personne ne t'aimera jamais comme je t'aime.

Dora Je sais. Mais ne vaut-il pas mieux aimer comme tout le monde?

Kaliayev Je ne suis pas n'importe qui. Je t'aime comme je suis.

Dora Tu m'aimes plus que la justice, plus que l'Organisation?

Kaliayev Je ne vous sépare pas, toi, l'Organisation et la justice.

Dora Oui, mais réponds-moi, je t'en supplie, réponds-moi. M'aimes-tu dans la solitude, avec tendresse, avec égoïsme? M'aimerais-tu si j'étais injuste?

Kaliayev Si tu étais injuste, et que je puisse t'aimer, ce n'est pas toi que j'aimerais.

Dora Tu ne réponds pas. Dis-moi seulement, m'aimerais-tu si je n'étais pas dans l'Organisation?

Kaliayev Où serais-tu donc?

Dora Je me souviens du temps où j'étudiais. Je riais. J'étais belle alors. Je passais des heures à me promener et à rêver. M'aimerais-tu légère et insouciante?

Kaliayev *(il hésite et très bas).* Je meurs d'envie de te dire oui.

Dora *(dans un cri).* Alors, dis oui, mon chéri, si tu le penses et si cela est vrai. Oui, en face de la justice, devant la misère et le peuple enchaîné. Oui, oui, je t'en supplie, malgré l'agonie des enfants, malgré ceux qu'on pend et ceux qu'on fouette à mort …

3 **la tendresse** émotion douce qu'on a pour qn – 9 **la vengeance** action de punir qn qui vous a fait du mal – 16 **n'importe qui** qui que ce soit – 19 **supplier qn** prier qn très fort de faire qc – 22 **que je puisse** si je pouvais – 29 **insouciant,e** qn qui ne se fait pas de soucis – 33 **enchaîné,e** *contr.* libre

Kaliayev Tais-toi, Dora.

Dora Non, il faut bien une fois au moins laisser parler son cœur. J'attends que tu m'appelles, moi, Dora, que tu m'appelles par-dessus ce monde empoisonné d'injustice …

Kaliayev *(brutalement).* Tais-toi. Mon cœur ne me parle que de toi. Mais tout à l'heure, je ne devrai pas trembler.

Dora *(égarée).* Tout à l'heure? Oui, j'oubliais … *(Elle rit comme si elle pleurait.)* Non, c'est très bien, mon chéri. Ne sois pas fâché, je n'étais pas raisonnable. C'est la fatigue. Moi non plus, je n'aurais pas pu le dire. Je t'aime du même amour un peu fixe, dans la justice et les prisons. L'été, Yanek, tu te souviens? Mais non, c'est l'éternel hiver. Nous ne sommes pas de ce monde, nous sommes des justes. Il y a une chaleur qui n'est pas pour nous. *(Se détournant.)* Ah! pitié pour les justes!

Kaliayev *(la regardant avec désespoir).* Oui, c'est là notre part, l'amour est impossible. Mais je tuerai le grand-duc, et il y aura alors une paix, pour toi comme pour moi.

Dora La paix! Quand la trouverons-nous?

Kaliayev *(avec violence).* Le lendemain.

Entrent Annenkov et Stepan. Dora et Kaliayev s'éloignent l'un de l'autre.

Annenkov Yanek!

Kaliayev Tout de suite. *(Il respire profondément.)* Enfin, enfin …

Stepan *(venant vers lui).* Adieu, frère, je suis avec toi.

Kaliayev Adieu, Stepan. *(Il se tourne vers Dora.)* Adieu, Dora.

Dora va vers lui. Ils sont tout près l'un de l'autre, mais ne se toucheront pas.

Dora Non, pas adieu. Au revoir. Au revoir, mon chéri. Nous nous retrouverons.

Il la regarde. Silence.

Kaliayev Au revoir. Je … La Russie sera belle.

Dora *(dans les larmes).* La Russie sera belle.

on peut voir l'incompatibilité de l'amour humain et de la justice parceque celui-là affaiblit l'ardeur révolutionnaire

3 **par-dessus** *ici:* malgré – 4 **empoisonné,e** (vergiftet) – 7 **égaré,e** troublé

un sacrifie sans espoir de retour
l'amour du peuple et de la justice exige ≠ une abnégation totale de soi-même

Kaliayev se signe devant l'icône.
Il sort avec Annenkov.
Stepan va à la fenêtre. Dora ne bouge pas, regardant toujours la porte.

Stepan Comme il marche droit. J'avais tort, tu vois, de ne pas me fier à Yanek. Je n'aimais pas son enthousiasme. Il s'est signé, tu as vu? Est-il croyant?

Dora Il ne pratique pas.

Stepan Il a l'âme religieuse, pourtant. C'est cela qui nous séparait. Je suis plus âpre que lui, je le sais bien. Pour nous qui ne croyons pas à Dieu, il faut toute la justice ou c'est le désespoir.

Dora Pour lui, la justice elle-même est désespérante.

Stepan Oui, une âme faible. Mais la main est forte. Il vaut mieux que son âme. Il le tuera, c'est sûr. Cela est bien, très bien même. Détruire, c'est ce qu'il faut. Mais tu ne dis rien? *(Il l'examine.)* Tu l'aimes?

Dora Il faut du temps pour aimer. Nous avons à peine assez de temps pour la justice.

Stepan Tu as raison. Il y a trop à faire; il faut ruiner ce monde de fond en comble … Ensuite … *(A la fenêtre.)* Je ne les vois plus, ils sont arrivés.

Dora Ensuite …

Stepan Nous nous aimerons.

Dora Si nous sommes là.

Stepan D'autres s'aimeront. Cela revient au même.

Dora Stepan, dis «la haine»!

Stepan Comment?

Dora Ces deux mots, «la haine», prononce-les.

Stepan La haine.

Dora C'est bien. Yanek les prononçait très mal.

Stepan *(après un silence, et marchant vers elle).* Je comprends: tu me méprises. Es-tu sûre d'avoir raison, pourtant? *(Un silence, et avec une violence croissante.)* Vous êtes tous là à marchander ce que vous faites, au nom de l'ignoble amour. Mais, moi, je n'aime

1 **se signer** faire le signe de la croix – **une icône** image d'un Saint – 5 **se fier à** avoir confiance en – 8 **pratiquer** aller régulièrement à l'église – 10 **âpre** dur – 19 **de fond en comble** entièrement – 25 **cela revient au même** c'est la même chose – 33 **croissant,e** qui grandit – 34 **ignoble** laid

rien et je hais, oui, je hais mes semblables! Qu'ai-je à faire avec leur amour? Je l'ai connu au bagne, voici trois ans. Et depuis trois ans, je le porte sur moi. Tu voudrais que je m'attendrisse et que je traîne la bombe comme une croix? Non! Non! Je suis allé trop loin, je sais trop de choses ... Regarde ...

Il déchire sa chemise. Dora a un geste vers lui. Elle recule devant les marques du fouet.

Ce sont les marques! Les marques de leur amour! Me méprises-tu maintenant?

Elle va vers lui et l'embrasse brusquement.

Dora Qui mépriserait la douleur? Je t'aime aussi.

Stepan *(il la regarde et sourdement).* Pardonne-moi, Dora. *(Un temps. Il se détourne.)* Peut-être est-ce la fatigue. Des années de lutte, l'angoisse, les mouchards, le bagne ... et pour finir, ceci. *(Il montre les marques.)* Où trouverais-je la force d'aimer? Il me reste au moins celle de haïr. Cela vaut mieux que de ne rien sentir.

Dora Oui, cela vaut mieux. *(Il la regarde. Sept heures sonnent.)*

Stepan *(se retournant brusquement).* Le grand-duc va passer.

Dora va vers la fenêtre et se colle aux vitres. Long silence. Et puis, dans le lointain, la calèche. Elle se rapproche, elle passe.

Stepan S'il est seul ...

La calèche s'éloigne. Une terrible explosion. Soubresaut de Dora qui cache sa tête dans ses mains. Long silence.

Stepan Boria n'a pas lancé sa bombe! Yanek a réussi. Réussi! O peuple! O joie!

Dora *(s'abattant en larmes sur lui).* C'est nous qui l'avons tué! C'est nous qui l'avons tué! C'est moi.

Stepan *(criant).* Qui avons-nous tué? Yanek?

Dora Le grand-duc.

Rideau.

1 **mes semblables** *ici:* les hommes – 3 **s'attendrir** devenir tendre – 4 **traîner qc** porter qc sur soi – 6 **déchirer qc** mettre en morceaux – **reculer** (zurückschrecken) – 12 **sourdement** très bas – 14 **l'angoisse** *f* la peur – 20 **se coller à qc** se presser à – 23 **le soubresaut** (plötzliches Zurückspringen) – 27 **s'abattre sur** tomber sur, s'écrouler sur

Acte quatrième

Une cellule dans la Tour Pougatchev à la prison Boutirki. Le matin. Quand le rideau se lève, Kaliayev est dans sa cellule et regarde la porte. Un gardien et un prisonnier, portant un seau, entrent.

Le Gardien — Nettoie. Et fais vite.

Il va se placer vers la fenêtre. Foka commence à nettoyer sans regarder Kaliayev. Silence.

Kaliayev — Comment t'appelles-tu, frère?

Foka — Foka.

Kaliayev — Tu es condamné?

Foka — Il paraît.

Kaliayev — Qu'as-tu fait?

Foka — J'ai tué.

Kaliayev — Tu avais faim.

Le Gardien — Moins haut.

Kaliayev — Comment?

Le Gardien — Moins haut. Je vous laisse parler malgré la consigne. Alors, parle moins haut. Imite le vieux.

Kaliayev — Tu avais faim?

Foka — Non, j'avais soif.

Kaliayev — Alors?

Foka — Alors, il y avait une hache. J'ai tout démoli. Il paraît que j'en ai tué trois.

Kaliayev le regarde.

Foka — Eh bien, barine, tu ne m'appelles plus frère? Tu es refroidi?

Kaliayev — Non. J'ai tué moi aussi.

Foka — Combien?

Kaliayev — Je te le dirai, frère, si tu veux. Mais réponds-moi, tu regrettes ce qui s'est passé, n'est-ce pas?

1 **la cellule** pièce isolée, p. ex. dans une prison – 4 **le gardien** homme qui garde les prisonniers – **le seau** (Eimer) – 17 **la consigne** l'ordre donné aux prisonniers – 22 **la hache** (Axt) – 25 **barine** *mot russe:* monsieur, maître (membre de la classe privilégiée) – **être refroidi,e** *ici:* ne plus être intéressé par qn

Foka	Bien sûr, vingt ans, c'est cher. Ça vous laisse des regrets.
Kaliayev	Vingt ans. J'entre ici à vingt-trois ans et j'en sors les cheveux gris.
Foka	Oh! Ça ira peut-être mieux pour toi. Un juge, ça a des hauts et des bas. Ça dépend s'il est marié, et avec qui. Et puis, tu es barine. Ce n'est pas le même tarif que pour les pauvres diables. Tu t'en tireras.
Kaliayev	Je ne crois pas. Et je ne le veux pas. Je ne pourrais pas supporter la honte pendant vingt ans.
Foka	La honte? Quelle honte? Enfin, ce sont des idées de barine. Combien en as-tu tué?
Kaliayev	Un seul.
Foka	Que disais-tu? Ce n'est rien.
Kaliayev	J'ai tué le grand-duc Serge.
Foka	Le grand-duc? Eh! comme tu y vas. Voyez-vous ces barines! C'est grave, dis-moi?
Kaliayev	C'est grave. Mais il le fallait.
Foka	Pourquoi? Tu vivais à la cour? Une histoire de femme, non? Bien fait comme tu l'es …
Kaliayev	Je suis socialiste.
Le Gardien	Moins haut.
Kaliayev	*(plus haut).* Je suis socialiste révolutionnaire.
Foka	En voilà une histoire. Et qu'avais-tu besoin d'être comme tu dis? Tu n'avais qu'à rester tranquille et tout allait pour le mieux. La terre est faite pour les barines.
Kaliayev	Non, elle est faite pour toi. Il y a trop de misère et trop de crimes. Quand il y aura moins de misère, il y aura moins de crimes. Si la terre était libre, tu ne serais pas là.
Foka	Oui et non. Enfin, libre ou pas, ce n'est jamais bon de boire un coup de trop.
Kaliayev	Ce n'est jamais bon. Seulement on boit parce qu'on est humilié. Un temps viendra où il ne sera plus utile de boire, où personne n'aura plus honte, ni barine, ni pauvre diable. Nous serons tous frères et la justice rendra nos cœurs transparents. Sais-tu ce dont je parle?

6 **les pauvres diables** (die armen Teufel) – 7 **se tirer de qc** sortir de qc, s'échapper de qc – 18 **la cour** résidence, château d'un roi – **bien fait** beau – 31 **être humilié,e** être abaissé

Foka Oui, c'est le royaume de Dieu.

Le Gardien Moins haut.

Kaliayev Il ne faut pas dire cela, frère. Dieu ne peut rien. La justice est notre affaire! *(Un silence.)* Tu ne comprends pas? Connais-tu la légende de Saint-Dmitri?

Foka Non.

Kaliayev Il avait rendez-vous dans la steppe avec Dieu lui-même, et il se hâtait lorsqu'il rencontra un paysan dont la voiture était embourbée. Alors saint Dmitri l'aida. La boue était épaisse, la fondrière profonde. Il fallut batailler pendant une heure. Et quand ce fut fini, saint Dmitri courut au rendez-vous. Mais Dieu n'était plus là.

Foka Et alors?

Kaliayev Et alors il y a ceux qui arriveront toujours en retard au rendez-vous parce qu'il y a trop de charrettes embourbées et trop de frères à secourir.

Foka recule.

Kaliayev Qu'y a-t-il?

Le Gardien Moins haut. Et toi, vieux, dépêche-toi.

Foka Je me méfie. Tout cela n'est pas normal. On n'a pas idée de se faire mettre en prison pour des histoires de saint et de charrette. Et puis, il y a autre chose …

Le gardien rit.

Kaliayev *(le regardant).* Quoi donc?

Foka Que fait-on à ceux qui tuent les grands-ducs?

Kaliayev On les pend.

Foka Ah! *(Et il s'en va, pendant que le gardien rit plus fort.)*

Kaliayev Reste. Que t'ai-je fait?

Foka Tu ne m'as rien fait. Tout barine que tu es, pourtant, je ne veux pas te tromper. On bavarde, on passe le temps, comme ça, mais si tu dois être pendu, ce n'est pas bien.

Kaliayev Pourquoi?

Le Gardien *(riant).* Allez, vieux, parle …

1 **le royaume** ce qui appartient à un roi – 5 **Saint-Dmitri** martyr du IVe siècle – 9 **être embourbé,e** être enfoncé dans la terre – **la boue** terre mouillée sur les chemins – **épais,se** gros, fort – 10 **la fondrière** trou plein d'eau – **batailler** lutter – 15 **la charrette** petite voiture à deux roues – 16 **secourir qn** aider qn, venir à l'aide de qn – 20 **on n'a pas idée de** il est bête de – 29 **tout barine que tu es** bien que tu sois barine – 30 **bavarder** parler beaucoup

Foka Parce que tu ne peux pas me parler comme un frère. C'est moi qui pends les condamnés.

Kaliayev N'es-tu pas forçat, toi aussi?

Foka Justement. Ils m'ont proposé de faire ce travail et, pour chaque pendu, ils m'enlèvent une année de prison. C'est une bonne affaire.

Kaliayev Pour te pardonner tes crimes, ils t'en font commettre d'autres?

Foka Oh, ce ne sont pas des crimes, puisque c'est commandé. Et puis, ça leur est bien égal. Si tu veux mon avis, ils ne sont pas chrétiens.

Kaliayev Et combien de fois, déjà?

Foka Deux fois.

Kaliayev recule. Les autres regagnent la porte, le gardien poussant Foka.

Kaliayev Tu es donc un bourreau?

Foka *(sur la porte).* Eh bien, barine, et toi?

Il sort. On entend des pas, des commandements. Entre Skouratov, très élégant, avec le gardien.

Skouratov Laisse-nous. Bonjour. Vous ne me connaissez pas? Moi, je vous connais. *(Il rit.)* Déjà célèbre, hein? *(Il le regarde.)* Puis-je me présenter? *(Kaliayev ne dit rien.)* Vous ne dites rien? Je comprends. Le secret, hein? C'est dur, huit jours au secret. Aujourd'hui, nous avons supprimé le secret et vous aurez des visites. Je suis là pour ça d'ailleurs. Je vous ai déjà envoyé Foka. Exceptionnel, n'est-ce pas? J'ai pensé qu'il vous intéresserait. Etes-vous content? C'est bon de voir des visages après huit jours, non?

Kaliayev Tout dépend du visage.

Skouratov Bonne voix, bien placée. Vous savez ce que vous voulez. *(Un temps.)* Si j'ai bien compris, mon visage vous déplaît?

Kaliayev Oui.

Skouratov Vous m'en voyez déçu. Mais c'est un malentendu. L'éclairage est mauvais d'abord. Dans un sous-sol, personne n'est sympathique.

3 **un forçat** criminel condamné aux travaux forcés – 7 **commettre un crime** faire un crime – 13 **regagner un lieu** retourner à – 20 **célèbre** très connu – 22 **le secret** *ici:* cellule individuelle dans une prison – 23 **supprimer qc** enlever qc; *ici:* arrêter qc – 25 **exceptionnel,le** étonnant – 29 **bonne voix** bien dit, bien parlé – 32 **un malentendu** (Mißverständnis) – **l'éclairage** *m* la lumière – 33 **le sous-sol** étage sous le rez-de-chaussée

Du reste, vous ne me connaissez pas. Quelquefois, un visage rebute. Et puis, quand on connaît le cœur …

Kaliayev Assez. Qui êtes-vous?

Skouratov Skouratov, directeur du département de police.

Kaliayev Un valet.

Skouratov Pour vous servir. Mais à votre place, je montrerais moins de fierté. Vous y viendrez peut-être. On commence par vouloir la justice et on finit par organiser une police. Du reste, la vérité ne m'effraie pas. Je vais être franc avec vous. Vous m'intéressez et je vous offre les moyens d'obtenir votre grâce.

Kaliayev Quelle grâce?

Skouratov Comment quelle grâce? Je vous offre la vie sauve.

Kaliayev Qui vous l'a demandée?

Skouratov On ne demande pas la vie, mon cher. On la reçoit. N'avez-vous jamais fait grâce à personne? *(Un temps.)* Cherchez bien.

Kaliayev Je refuse votre grâce, une fois pour toutes.

Skouratov Ecoutez au moins. Je ne suis pas votre ennemi, malgré les apparences. J'admets que vous ayez raison dans ce que vous pensez. Sauf pour l'assassinat …

Kaliayev Je vous interdis d'employer ce mot.

Skouratov *(le regardant).* Ah! Les nerfs sont fragiles, hein? *(Un temps.)* Sincèrement, je voudrais vous aider.

Kaliayev M'aider? je suis prêt à payer ce qu'il faut. Mais je ne supporterai pas cette familiarité de vous à moi. Laissez-moi.

Skouratov L'accusation qui pèse sur vous …

Kaliayev Je rectifie.

Skouratov Plaît-il?

Kaliayev Je rectifie. Je suis un prisonnier de guerre, non un accusé.

Skouratov Si vous voulez. Cependant, il y a eu des dégâts, n'est-ce pas? Laissons de côté le grand-duc et la politique. Du moins, il y a eu mort d'homme. Et quelle mort!

Kaliayev J'ai lancé la bombe sur votre tyrannie, non sur un homme.

Skouratov Sans doute. Mais c'est l'homme qui l'a reçue. Et ça ne l'a pas arrangé. Voyez-vous, mon cher, quand on a retrouvé le corps, la tête manquait. Disparue, la tête! Quant au reste, on a tout juste reconnu un bras et une partie de la jambe.

2 **rebuter qn** *contr:* attirer qn – 5 **le valet** personne qui sert les autres – 9 **effrayer qn** faire peur à qn – 10 **la grâce** le pardon – 12 **offrir la vie sauve à qn** ne pas le condamner à mort – 17 **malgré les apparences** bien que cela apparaisse – 22 **sincèrement** franchement – 26 **rectifier qc** corriger qc – 27 **plaît-il?** vous dites? – 29 **le dégât** le dommage – 33 **ça ne l'a pas arrangé** ça ne lui a pas fait de bien

← il est fier de ce qu'il a fait

Kaliayev J'ai exécuté un verdict.

Skouratov Peut-être, peut-être. On ne vous reproche pas le verdict. Qu'est-ce qu'un verdict? C'est un mot sur lequel on peut discuter pendant des nuits. On vous reproche … non, vous n'aimeriez pas ce mot … disons, un travail d'amateur, un peu désordonné, dont les résultats, eux, sont indiscutables. Tout le monde a pu les voir. Demandez à la grande-duchesse. Il y avait du sang, vous comprenez, beaucoup de sang.

Kaliayev Taisez-vous.

Skouratov Bon. Je voulais dire simplement que si vous vous obstinez à parler du verdict, à dire que c'est le parti et lui seul qui a jugé et exécuté, que le grand-duc a été tué non par une bombe, mais par une idée, alors vous n'avez pas besoin de grâce. Supposez, pourtant, que nous en revenions à l'évidence, supposez que ce soit vous qui ayez fait sauter la tête du grand-duc, tout change, n'est-ce pas? Vous aurez besoin d'être gracié alors. Je veux vous y aider. Par pure sympathie, croyez-le. *(Il sourit.)* Que voulez-vous, je ne m'intéresse pas aux idées, moi, je m'intéresse aux personnes.

Kaliayev *(éclatant).* Ma personne est au-dessus de vous et de vos maîtres. Vous pouvez me tuer, non me juger. Je sais où vous voulez en venir. Vous cherchez un point faible et vous attendez de moi une attitude honteuse, des larmes et du repentir. Vous n'obtiendrez rien. Ce que je suis ne vous concerne pas. Ce qui vous concerne, c'est notre haine, la mienne et celle de mes frères. Elle est à votre service.

Skouratov La haine? Encore une idée. Ce qui n'est pas une idée, c'est le meurtre. Et ses conséquences, naturellement. Je veux dire le repentir et le châtiment. Là, nous sommes au centre. C'est pour cela d'ailleurs que je me suis fait policier. Pour être au centre des choses. Mais vous n'aimez pas les confidences. *(Un temps. Il avance lentement vers lui.)* Tout ce que je voulais dire, c'est que vous ne devriez pas faire semblant d'oublier la tête du grand-duc. Si vous en teniez compte, l'idée ne vous servirait plus de rien. Vous auriez honte, par exemple, au lieu d'être fier de ce que vous avez fait. Et à partir du moment où vous aurez honte, vous

1 **le verdict** le jugement – 5 **désordonné,e** pas en ordre, confus – 10 **s'obstiner** (sich versteifen auf) – 14 **à l'évidence** aux simples faits – 21 **où vous voulez en venir** ce que vous voulez atteindre – 29 **le châtiment** (Bestrafung) – 31 **la confidence** c'est quand on raconte en secret qc à qn – 33 **faire semblant** faire comme si

refuser d'établir une distinction entre l'assassinat et le meurtre un acte inhumain

souhaiterez de vivre pour réparer. Le plus important est que vous décidiez de vivre.

Kaliayev Et si je le décidais?

Skouratov La grâce pour vous et vos camarades.

Kaliayev Les avez-vous arrêtés?

Skouratov Non. Justement. Mais si vous décidez de vivre, nous les arrêterons.

Kaliayev Ai-je bien compris?

Skouratov Sûrement. Ne vous fâchez pas encore. Réfléchissez. Du point de vue de l'idée, vous ne pouvez pas les livrer. Du point de vue de l'évidence, au contraire, c'est un service à leur rendre. Vous leur éviterez de nouveaux ennuis et, du même coup, vous les arracherez à la potence. Par-dessus tout, vous obtenez la paix du cœur. A bien des points de vue, c'est une affaire en or.

Kaliayev se tait.

Skouratov Alors?

Kaliayev Mes frères vous répondront, avant peu.

Skouratov Encore un crime! Décidément, c'est une vocation. Allons, ma mission est terminée. Mon cœur est triste. Mais je vois bien que vous tenez à vos idées. Je ne puis vous en séparer.

Kaliayev Vous ne pouvez me séparer de mes frères.

Skouratov Au revoir. *(Il fait mine de sortir, et, se retournant.)* Pourquoi, en ce cas, avez-vous épargné la grande-duchesse et ses neveux?

Kaliayev Qui vous l'a dit?

Skouratov Votre informateur nous informait aussi. En partie, du moins … Mais pourquoi les avez-vous épargnés?

Kaliayev Ceci ne vous concerne pas.

Skouratov *(riant.)* Vous croyez? Je vais vous dire pourquoi. Une idée peut tuer un grand-duc, mais elle arrive difficilement à tuer des enfants. Voilà ce que vous avez découvert. Alors, une question se pose: si l'idée n'arrive pas à tuer les enfants, mérite-t-elle qu'on tue un grand-duc?

Kaliayev a un geste.

10 **livrer** *ici:* donner à la police – 18 **décidément** en effet – **la vocation** (Veranlagung, Berufung) – 22 **faire mine de** avoir l'air de

Skouratov Oh! Ne me répondez pas, ne me répondez pas surtout! Vous répondrez à la grande-duchesse.

Kaliayev La grande-duchesse?

Skouratov Oui, elle veut vous voir. Et j'étais venu surtout pour m'assurer que cette conversation était possible. Elle l'est. Elle risque même de vous faire changer d'avis. La grande-duchesse est chrétienne. L'âme, voyez-vous, c'est sa spécialité. *(Il rit.)*

Kaliayev Je ne veux pas la voir.

Skouratov Je regrette, elle y tient. Et après tout, vous lui devez quelques égards. On dit aussi que depuis la mort de son mari, elle n'a pas toute sa raison. Nous n'avons pas voulu la contrarier. *(A la porte.)* Si vous changez d'avis, n'oubliez pas ma proposition. Je reviendrai. *(Un temps. Il écoute.)* La voilà. Après la police, la religion! On vous gâte décidément. Mais tout se tient. Imaginez Dieu sans les prisons. Quelle solitude!

Il sort. On entend des voix et des commandements. Entre la grande-duchesse qui reste immobile et silencieuse. La porte est ouverte.

Kaliayev Que voulez-vous?

La Grande-Duchesse *(découvrant son visage).* Regarde.

Kaliayev se tait.

La Grande-Duchesse Beaucoup de choses meurent avec un homme.

Kaliayev Je le savais.

La Grande-Duchesse *(avec naturel, mais d'une petite voix usée).* Les meurtriers ne savent pas cela. S'ils le savaient, comment feraient-ils mourir? *(Silence.)*

Kaliayev Je vous ai vue. Je désire maintenant être seul.

La Grande-Duchesse Non. Il me reste à te regarder aussi.

Il recule.

9 **devoir des égards à qn** devoir montrer du respect à qn – 10 **ne pas avoir toute sa raison** avoir l'esprit troublé – 11 **contrarier qn** (jdn. verärgern, umstimmen) – 14 **gâter qn** donner trop de cadeaux à qn (p. ex. à un enfant) – **tout se tient** (eins kommt zum andern) – 26 **usé,e** *ici:* faible

La Grande-Duchesse *(s'assied, comme épuisée).* Je ne peux plus rester seule. Auparavant, si je souffrais, il pouvait voir ma souffrance. Souffrir était bon alors. Maintenant ... Non, je ne pouvais plus être seule, me taire ... Mais à qui parler? Les autres ne savent pas. Ils font mine d'être tristes. Ils le sont, une heure ou deux. Puis ils vont manger – et dormir. Dormir surtout ... J'ai pensé que tu devais me ressembler. Tu ne dors pas, j'en suis sûre. Et à qui parler du crime, sinon au meurtrier?

Kaliayev Quel crime? Je ne me souviens que d'un acte de justice.

La Grande-Duchesse La même voix! Tu as eu la même voix que lui. Tous les hommes prennent le même ton pour parler de la justice. Il disait: «Cela est juste!» et l'on devait se taire. Il se trompait peut-être, tu te trompes ...

Kaliayev Il incarnait la suprême injustice, celle qui fait gémir le peuple russe depuis des siècles. Pour cela, il recevait seulement des privilèges. Si même je devais me tromper, la prison et la mort sont mes salaires.

La Grande-Duchesse Oui, tu souffres. Mais lui, tu l'as tué.

Kaliayev Il est mort surpris. Une telle mort, ce n'est rien.

La Grande-Duchesse Rien? *(Plus bas.)* C'est vrai. On t'a emmené tout de suite. Il paraît que tu faisais des discours au milieu des policiers. Je comprends. Cela devait t'aider. Moi, je suis arrivée quelques secondes après. J'ai vu. J'ai mis sur une civière tout ce que je pouvais traîner. Que de sang! *(Un temps.)* J'avais une robe blanche ...

Kaliayev Taisez-vous.

La Grande-Duchesse Pourquoi? Je dis la vérité. Sais-tu ce qu'il faisait deux heures avant de mourir? Il dormait. Dans un fauteuil, les pieds sur une chaise ... comme toujours. Il dormait, et toi, tu l'attendais, dans le soir cruel ... *(Elle pleure.)* Aide-moi maintenant. *(Il recule, raidi.)*
Tu es jeune. Tu ne peux pas être mauvais.

Kaliayev Je n'ai pas eu le temps d'être jeune.

La Grande-Duchesse Pourquoi te raidir ainsi? N'as-tu jamais pitié de toi-même?

2 **auparavant** avant cela – 14 **incarner qc** représenter qc – **suprême** le plus haut – **gémir** se plaindre – 24 **la civière** instrument sur lequel on transporte des malades, des morts – 25 **que de sang** combien de sang – 31 **cruel,le** qn qui aime à faire souffrir

elle est un instrument de Skouratov mais à son insu

Kaliayev Non.

La Grande-Duchesse Tu as tort. Cela soulage. Moi, je n'ai plus de pitié que pour moi-même. *(Un temps.)* J'ai mal. Il fallait me tuer avec lui au lieu de m'épargner.

Kaliayev Ce n'est pas vous que j'ai épargnée, mais les enfants qui étaient avec vous.

La Grande-Duchesse Je sais … Je ne les aimais pas beaucoup. *(Un temps.)* Ce sont les neveux du grand-duc. N'étaient-ils pas coupables comme leur oncle?

Kaliayev Non.

La Grande-Duchesse Les connais-tu? Ma nièce a un mauvais cœur. Elle refuse de porter elle-même ses aumônes aux pauvres. Elle a peur de les toucher. N'est-elle pas injuste? Elle est injuste. Lui du moins aimait les paysans. Il buvait avec eux. Et tu l'as tué. Certainement, tu es injuste aussi. La terre est déserte.

Kaliayev Ceci est inutile. Vous essayez de détendre ma force et de me désespérer. Vous n'y réussirez pas. Laissez-moi.

La Grande-Duchesse Ne veux-tu pas prier avec moi, te repentir … Nous ne serons plus seuls.

Kaliayev Laissez-moi me préparer à mourir. Si je ne mourais pas, c'est alors que je serais un meurtrier.

La Grande-Duchesse *(elle se dresse.)* Mourir? Tu veux mourir? Non. *(Elle va vers Kaliayev, dans une grande agitation.)* Tu dois vivre, et consentir à être un meurtrier. Ne l'as-tu pas tué? Dieu te justifiera.

Kaliayev Quel Dieu, le mien ou le vôtre?

La Grande-Duchesse Celui de la Sainte Eglise.

Kaliayev Elle n'a rien à faire ici.

La Grande-Duchesse Elle sert un maître qui, lui aussi, a connu la prison.

Kaliayev Les temps ont changé. Et la Sainte Eglise a choisi dans l'héritage de son maître.

La Grande-Duchesse Choisi, que veux-tu dire?

Kaliayev Elle a gardé la grâce pour elle et nous a laissé le soin d'exercer la charité.

2 **soulager** diminuer la souffrance des autres – 8 **coupable** qn qui a commis un crime est coupable – 12 **une aumône** ce qu'on donne aux pauvres, p. ex. de l'argent – 16 **détendre la force** rendre faible – 31 **un héritage** ce qu'on reçoit d'une personne qui est morte

Les révolutionnaire doit s'occuper des pauvres. L'église supporte la despotisme.

La Grande-Duchesse Qui, nous?

Kaliayev *(criant).* Tous ceux que vous pendez. *(Silence.)*

La Grande-Duchesse *(doucement).* Je ne suis pas votre ennemie.

Kaliayev *(avec désespoir).* Vous l'êtes, comme tous ceux de votre race et de votre clan. Il y a quelque chose de plus abject encore que d'être un criminel, c'est de forcer au crime celui qui n'est pas fait pour lui. Regardez-moi. Je vous jure que je n'étais pas fait pour tuer.

La Grande-Duchesse Ne me parlez pas comme à votre ennemie. Regardez. *(Elle va fermer la porte.)* Je me remets à vous. *(Elle pleure.)* Le sang nous sépare. Mais vous pouvez me rejoindre en Dieu, à l'endroit même du malheur. Priez du moins avec moi.

Kaliayev Je refuse. *(Il va vers elle.)* Je ne sens pour vous que de la compassion et vous venez de toucher mon cœur. Maintenant, vous me comprendrez parce que je ne vous cacherai rien. Je ne compte plus sur le rendez-vous avec Dieu. Mais, en mourant, je serai exact au rendez-vous que j'ai pris avec ceux que j'aime, mes frères qui pensent à moi en ce moment. Prier serait les trahir.

La Grande-Duchesse Que voulez-vous dire?

Kaliayev *(avec exaltation).* Rien, sinon que je vais être heureux. J'ai une longue lutte à soutenir et je la soutiendrai. Mais quand le verdict sera prononcé, et l'exécution prête, alors, au pied de l'échafaud, je me détournerai de vous et de ce monde hideux et je me laisserai aller à l'amour qui m'emplit. Me comprenez-vous?

La Grande-Duchesse Il n'y a pas d'amour loin de Dieu.

Kaliayev Si. L'amour pour la créature.

La Grande-Duchesse La créature est abjecte. Que faire d'autre que la détruire ou lui pardonner?

Kaliayev Mourir avec elle.

La Grande-Duchesse On meurt seul. Il est mort seul.

Kaliayev *(avec désespoir).* Mourir avec elle! Ceux qui s'aiment

7 **le clan** le groupe – **abject** [abʒɛkt] (abscheulich) – 12 **se remettre à qn** avoir confiance en – 13 **rejoindre** rencontrer – 16 **la compassion** la pitié – 20 **trahir qn** abandonner qn qui a confiance en vous – 26 **hideux,euse** horrible, laid – 27 **emplir** remplir

aujourd'hui doivent mourir ensemble s'ils veulent être réunis. L'injustice sépare, la honte, la douleur, le mal qu'on fait aux autres, le crime séparent. Vivre est une torture puisque vivre sépare …

La Grande-Duchesse Dieu réunit.

Kaliayev Pas sur cette terre. Et mes rendez-vous sont sur cette terre.

La Grande-Duchesse C'est le rendez-vous des chiens, le nez au sol, toujours flairant, toujours déçus.

Kaliayev *(détourné vers la fenêtre).* Je le saurai bientôt. *(Un temps.)* Mais ne peut-on déjà imaginer que deux êtres renonçant à toute joie, s'aiment dans la douleur sans pouvoir s'assigner d'autre rendez-vous que celui de la douleur? *(Il la regarde.)* Ne peut-on imaginer que la même corde unisse alors ces deux êtres?

La Grande-Duchesse Quel est ce terrible amour?

Kaliayev Vous et les vôtres ne nous en avez jamais permis d'autre.

La Grande-Duchesse J'aimais aussi celui que vous avez tué.

Kaliayev Je l'ai compris. C'est pourquoi je vous pardonne le mal que vous et les vôtres m'avez fait. *(Un temps.)* Maintenant, laissez-moi. *(Long silence.)*

La Grande-Duchesse *(se redressant).* Je vais vous laisser. Mais je suis venue ici pour vous ramener à Dieu, je le sais maintenant. Vous voulez vous juger et vous sauver seul. Vous ne le pouvez pas. Dieu le pourra, si vous vivez. Je demanderai votre grâce.

Kaliayev Je vous en supplie, ne le faites pas. Laissez-moi mourir ou je vous haïrai mortellement.

La Grande-Duchesse *(sur la porte).* Je demanderai votre grâce, aux hommes et à Dieu.

Kaliayev Non, non, je vous le défends.

Il court à la porte pour y trouver soudain Skouratov. Kaliayev recule, ferme les yeux. Silence. Il regarde Skouratov à nouveau.

Kaliayev J'avais besoin de vous.

Skouratov Vous m'en voyez ravi. Pourquoi?

8 **flairer** chercher qc par l'odeur (p. ex. comme les chiens le font) – 12 **s'assigner qc** se donner – 35 **ravi,e** *ici:* content,e

L'église est le collaborateur de

C'est à Dieu de punir Kaliayev
la tentation de la conversion (Bekehrung)

Kaliayev J'avais besoin de mépriser à nouveau.

Skouratov Dommage. Je venais chercher ma réponse.

Kaliayev Vous l'avez maintenant.

Skouratov *(changeant de ton).* Non, je ne l'ai pas encore. J'ai facilité cette entrevue avec la grande-duchesse pour pouvoir demain en publier la nouvelle dans les journaux. Le récit en sera exact, sauf sur un point. Il consignera l'aveu de votre repentir. Vos camarades penseront que vous les avez trahis.

Kaliayev *(tranquillement).* Ils ne le croiront pas.

Skouratov Je n'arrêterai cette publication que si vous passez aux aveux. Vous avez la nuit pour vous décider.

Kaliayev *(plus fort).* Ils ne le croiront pas.

Skouratov *(se retournant).* Pourquoi? N'ont-ils jamais péché?

Kaliayev Vous ne connaissez pas leur amour.

Skouratov Non. Mais je sais qu'on ne peut pas croire à la fraternité toute une nuit, sans une seule minute de défaillance. J'attendrai la défaillance. *(Il ferme la porte dans son dos.)* Ne vous pressez pas. Je suis patient. *(Ils restent face à face.)*

Rideau.

4 **faciliter** rendre plus facile – 5 **une entrevue** un rendez-vous, une rencontre – 7 **consigner qc** noter, constater – **un aveu** le fait de reconnaître un crime, de dire qu'on l'a commis – 10 **passer aux aveux** faire un aveu – 13 **pécher** *(rel.)* commettre une faute

Acte cinquième

Un autre appartement, mais de même style. Une semaine après. La nuit. Silence. Dora se promène de long en large.

Annenkov Repose-toi, Dora.

Dora J'ai froid.

Annenkov Viens t'étendre ici. Couvre-toi.

Dora *(marchant toujours).* La nuit est longue. Comme j'ai froid, Boria. *(On frappe. Un coup, puis deux.)*

Annenkov va ouvrir. Entrent Stepan et Voinov qui va vers Dora et l'embrasse. Elle le tient serré contre elle.

Alexis!

Stepan Orlov dit que ce pourrait être pour cette nuit. Tous les sous-officiers qui ne sont pas de service sont convoqués. C'est ainsi qu'il sera présent.

Annenkov Où le rencontres-tu?

Stepan Il nous attendra, Voinov et moi, au restaurant de la rue Sophiskaia.

Dora *(qui s'est assise, épuisée).* C'est pour cette nuit, Boria.

Annenkov Rien n'est perdu, la décision dépend du tsar.

Stepan La décision dépendra du tsar si Yanek a demandé sa grâce.

Dora Il ne l'a pas demandée.

Stepan Pourquoi aurait-il vu la grande-duchesse si ce n'est pour sa grâce? Elle a fait dire partout qu'il s'était repenti. Comment savoir la vérité?

Dora Nous savons ce qu'il a dit devant le Tribunal et ce qu'il nous a écrit. Yanek a-t-il dit qu'il regrettait de ne pouvoir disposer que d'une seule vie pour la jeter comme un défi à l'autocratie? L'homme qui a dit cela peut-il mendier sa grâce, peut-il se repentir? Non, il voulait, il veut mourir. Ce qu'il a fait ne se renie pas.

Stepan Il a eu tort de voir la grande-duchesse.

Dora Il en est le seul juge.

2 **de long en large** dans tous les sens – 12 **être convoqué,e** être appelé – 25 **disposer de qc** avoir qc (à sa disposition) – 26 **le défi** la provocation – **l'autocratie** la tyrannie – 27 **mendier** demander l'aumône – 29 **renier qc** rejeter qc, renoncer à, ne plus vouloir de qc

il est liberer de la contrainte de tuer

Stepan Selon notre règle, il ne devait pas la voir.

Dora Notre règle est de tuer, rien de plus. Maintenant, il est libre, il est libre enfin.

Stepan Pas encore.

Dora Il est libre. Il a le droit de faire ce qu'il veut, près de mourir. Car il va mourir, soyez contents!

Annenkov Dora!

Dora Mais oui. S'il était gracié, quel triomphe! Ce serait la preuve, n'est-ce pas, que la grande-duchesse a dit vrai, qu'il s'est repenti et qu'il a trahi. S'il meurt, au contraire, vous le croirez et vous pourrez l'aimer encore. *(Elles les regarde.)* Votre amour coûte cher.

Voinov *(allant vers elle).* Non, Dora. Nous n'avons jamais douté de lui.

Dora *(marchant de long en large).* Oui … Peut-être … Pardonnez-moi. Mais qu'importe, après tout! Nous allons savoir, cette nuit … Ah! pauvre Alexis, qu'es-tu venu faire ici?

Voinov Le remplacer. Je pleurais, j'étais fier en lisant son discours au procès. Quand j'ai lu: «La mort sera ma suprême protestation contre un monde de larmes et de sang …» je me suis mis à trembler. (zittern)

Dora Un monde de larmes et de sang … il a dit cela, c'est vrai.

Voinov Il l'a dit … Ah, Dora, quel courage! Et, à la fin, son grand cri: «Si je me suis trouvé à la hauteur de la protestation humaine contre la violence, que la mort couronne mon œuvre par la pureté de l'idée.» J'ai décidé alors de venir.

Dora *(se cachant la tête dans les mains).* Il voulait la pureté, en effet. Mais quel affreux couronnement!

Voinov Ne pleure pas, Dora. Il a demandé que personne ne pleure sa mort. Oh, je le comprends si bien maintenant. Je ne peux pas douter de lui. J'ai souffert (leiden, erdulden) parce que j'ai été lâche. Et puis, j'ai lancé la bombe à Tiflis. Maintenant, je ne suis pas différent de Yanek. Quand j'ai appris sa condamnation, je n'ai eu qu'une idée: prendre sa place puisque je n'avais pu être à ses côtés.

Dora Qui peut prendre sa place ce soir! Il sera seul, Alexis.

Voinov Nous devons le soutenir de notre fierté, comme il nous soutient de son exemple. Ne pleure pas.

15 **qu'importe** qu'est-ce que cela fait? – 24 **couronner qn ou qc** (un roi p. ex. porte une couronne) – 35 **soutenir qn** aider qn

D. ne pense pas comme une terroriste

Elle n'est pas fière de tuer des hommes.

Dora — Regarde. Mes yeux sont secs. Mais, fière, oh, non, plus jamais je ne pourrai être fière!

Stepan — Dora, ne me juge pas mal. Je souhaite que Yanek vive. Nous avons besoin d'hommes comme lui.

Dora — Lui ne le souhaite pas. Et nous devons désirer qu'il meure.

Annenkov — Tu es folle.

Dora — Nous devons le désirer. Je connais son cœur. C'est ainsi qu'il sera pacifié. Oh oui, qu'il meure! *(Plus bas.)* Mais qu'il meure vite.

Stepan — Je pars, Boria. Viens, Alexis. Orlov nous attend.

Annenkov — Oui, et ne tardez pas à revenir. *(Stepan et Voinov vont vers la porte. Stepan regarde du côté de Dora.)*

zögern

Stepan — Nous allons savoir. Veille sur elle.

wachen

Dora est à la fenêtre. Annenkov la regarde.

Dora — La mort! La potence! La mort encore! Ah! Boria!

Annenkov — Oui, petite sœur. Mais il n'y a pas d'autre solution.

Le recours à la violence est légitime pour A.

Dora — Ne dis pas cela. Si la seule solution est la mort, nous ne sommes pas sur la bonne voie. La bonne voie est celle qui mène à la vie, au soleil. On ne peut avoir froid sans cesse …

Annenkov — Celle-là mène aussi à la vie. A la vie des autres. La Russie vivra, nos petits-enfants vivront. Souviens-toi de ce que disait Yanek: «La Russie sera belle».

Dora — Les autres, nos petits-enfants … Oui. Mais Yanek est en prison et la corde est froide. Il va mourir. Il est mort peut-être déjà pour que les autres vivent. Ah! Boria, et si les autres ne vivaient pas? Et s'il mourait pour rien?

Annenkov — Tais-toi. *(Silence.)*

Dora — Comme il fait froid. C'est le printemps pourtant. Il y a des arbres dans la cour de la prison, je le sais. Il doit les voir.

Annenkov — Attends de savoir. Ne tremble pas ainsi.

Dora — J'ai si froid que j'ai l'impression d'être déjà morte. *(Un temps.)* Tout cela nous vieillit si vite. Plus jamais, nous ne serons des enfants, Boria. Au premier meurtre, l'enfance s'enfuit. Je lance la bombe et en une seconde, vois-tu, toute une vie s'écoule. Oui, nous pouvons mourir désormais. Nous avons fait le tour de l'homme.

8 **être pacifié,e** il trouve sa paix – 17 **la voie** le chemin – 31 **vieillir** rendre vieux – 34 **s'écouler** passer – **désormais** à partir de maintenant

la seule voie qui mène à un meilleur avenir pour le peuple

Annenkov — Alors nous mourrons en luttant, comme font les hommes.

Dora — Vous êtes allés trop vite. Vous n'êtes plus des hommes.

Annenkov — Le malheur et la misère allaient vite aussi. Il n'y a plus de place pour la patience et le mûrissement dans ce monde. La Russie est pressée.

Dora — Je sais. Nous avons pris sur nous le malheur du monde. Lui aussi, l'avait pris. Quel courage! Mais je me dis quelquefois que c'est un orgueil qui sera châtié.

Annenkov — C'est un orgueil que nous payons de notre vie. Personne ne peut aller plus loin. C'est un orgueil auquel nous avons droit.

Dora — Sommes-nous sûrs que personne n'ira plus loin? Parfois, quand j'écoute Stepan, j'ai peur. D'autres viendront peut-être qui s'autoriseront de nous pour tuer et qui ne paieront pas de leur vie.

Annenkov — Ce serait lâche, Dora.

Dora — Qui sait? C'est peut-être cela la justice. Et plus personne alors n'osera la regarder en face.

Annenkov — Dora! *(Elle se tait.)* Est-ce que tu doutes? Je ne te reconnais pas.

Dora — J'ai froid. Je pense à lui qui doit refuser de trembler pour ne paraître pas avoir peur.

Annenkov — N'es-tu donc plus avec nous?

Dora — *(elle se jette sur lui).* Oh Boria, je suis avec vous! J'irai jusqu'au bout. Je hais la tyrannie et je sais que nous ne pouvons faire autrement. Mais c'est avec un cœur joyeux que j'ai choisi cela et c'est d'un cœur triste que je m'y maintiens. Voilà la différence. Nous sommes des prisonniers.

Annenkov — La Russie entière est en prison. Nous allons faire voler ses murs en éclats.

Dora — Donne-moi seulement la bombe à lancer et tu verras. J'avancerai au milieu de la fournaise et mon pas sera pourtant égal. C'est facile, c'est tellement plus facile de mourir de ses contradictions que de les vivre. As-tu aimé, as-tu seulement aimé, Boria?

Annenkov — J'ai aimé, mais il y a si longtemps que je ne m'en souviens plus.

Dora — Combien de temps?

Annenkov — Quatre ans.

Dora — Il y en a combien que tu diriges l'Organisation?

4 **le mûrissement** (das Reifwerden) – 8 **châtier qn** punir qn – 13 **s'autoriser de qn** *ici:* prendre exemple sur qn – 25 **se maintenir à** rester, tenir à – 27 **faire voler en éclats** faire exploser – 30 **la fournaise** grand four où brûle un feu très fort, *fig.* lieu de bataille

Annenkov Quatre ans. *(Un temps.)* Maintenant c'est l'Organisation que j'aime.

Dora *(marchant vers la fenêtre).* Aimer, oui, mais être aimée! ... Non, il faut marcher. On voudrait s'arrêter. Marche! Marche! On voudrait tendre les bras et se laisser aller. Mais la sale injustice colle à nous comme de la glu. Marche! Nous voilà condamnés à être plus grands que nous-mêmes. Les êtres, les visages, voilà ce qu'on voudrait aimer. L'amour plutôt que la justice! Non, il faut marcher. Marche, Dora! Marche, Yanek! *(Elle pleure.)* Mais pour lui, le but approche.

Annenkov *(la prenant dans ses bras).* Il sera gracié.

Dora *(le regardant).* Tu sais bien que non. Tu sais bien qu'il ne le faut pas. *(Il détourne les yeux.)*
Il sort peut-être déjà dans la cour. Tout ce monde soudain silencieux, dès qu'il apparaît. Pourvu qu'il n'ait pas froid. Boria, sais-tu comme l'on pend?

Annenkov Au bout d'une corde. Assez, Dora!

Dora *(aveuglément).* Le bourreau saute sur les épaules. Le cou craque. N'est-ce pas terrible?

Annenkov Oui. Dans un sens. Dans un autre sens, c'est le bonheur.

Dora Le bonheur?

Annenkov Sentir la main d'un homme avant de mourir.

Dora se jette dans un fauteuil. Silence.

Annenkov Dora, il faudra partir ensuite. Nous nous reposerons un peu.

Dora *(égarée).* Partir? Avec qui?

Annenkov Avec moi, Dora.

Dora *(elle le regarde).* Partir! *(Elle se détourne vers la fenêtre.)* Voici l'aube. Yanek est déjà mort, j'en suis sûre.

Annenkov Je suis ton frère.

Dora Oui, tu es mon frère, et vous êtes tous mes frères que j'aime. *(On entend la pluie. Le jour se lève. Dora parle à voix basse.)* Mais quel affreux goût a parfois la fraternité!

On frappe. Entrent Voinov et Stepan. Tous restent immobiles, Dora chancelle mais se reprend dans un effort visible.

6 **la glu** la colle – 15 **pourvu que** espérons que – 18 **craquer** quand qc casse, cela craque – 28 **l'aube** *f* moment où il commence à faire clair le matin, l'aurore *f* – 34 **chanceler** ne plus pouvoir se tenir droit, presque tomber

Stepan *(à voix basse).* Yanek n'a pas trahi.

Annenkov Orlov a pu voir?

Stepan Oui.

Dora *(s'avançant fermement).* Assieds-toi. Raconte.

Stepan A quoi bon?

Dora Raconte tout. J'ai le droit de savoir. J'exige que tu racontes. Dans le détail.

Stepan Je ne saurai pas. Et puis, maintenant, il faut partir.

Dora Non, tu parleras. Quand l'a-t-on prévenu?

Stepan A dix heures du soir.

Dora Quand l'a-t-on pendu?

Stepan A deux heures du matin.

Dora Et pendant quatre heures, il a attendu?

Stepan Oui, sans un mot. Et puis tout s'est précipité. Maintenant, c'est fini.

Dora Quatre heures sans parler? Attends un peu. Comment était-il habillé? Avait-il sa pelisse?

Stepan Non. Il était tout en noir, sans pardessus. Et il avait un feutre noir.

Dora Quel temps faisait-il?

Stepan La nuit noire. La neige était sale. Et puis la pluie l'a changée en une boue gluante.

Dora Il tremblait?

Stepan Non.

Dora Orlov a-t-il rencontré son regard?

Stepan Non.

Dora Que regardait-il?

Stepan Tout le monde, dit Orlov, sans rien voir.

Dora Après, après?

Stepan Laisse, Dora.

Dora Non, je veux savoir. Sa mort du moins est à moi.

Stepan On lui a lu le jugement.

Dora Que faisait-il pendant ce temps-là?

Stepan Rien. Une fois seulement, il a secoué sa jambe pour enlever un peu de boue qui tachait sa chaussure.

Dora *(la tête dans les mains).* Un peu de boue!

Annenkov *(brusquement).* Comment sais-tu cela?

14 **se précipiter** aller très vite – 17 **la pelisse** le manteau (de fourrure) – 18 **le pardessus** le manteau – **le feutre** (Filz) – 22 **gluant,e** collant comme la glu – 34 **secouer qc** agiter qc

Stepan se tait.

Tu as tout demandé à Orlov? Pourquoi?

Stepan *(détournant les yeux).* Il y avait quelque chose entre Yanek et moi.

Annenkov Quoi donc?

Stepan Je l'enviais.

Dora Après, Stepan, après?

Stepan Le père Florenski est venu lui présenter le crucifix. Il a refusé de l'embrasser. Et il a déclaré: «Je vous ai déjà dit que j'en ai fini avec la vie et que je suis en règle avec la mort».

Dora Comment était sa voix?

Stepan La même exactement. Moins la fièvre et l'impatience que vous lui connaissez.

Dora Avait-il l'air heureux?

Annenkov Tu es folle?

Dora Oui, oui, j'en suis sûre, il avait l'air heureux. Car ce serait trop injuste qu'ayant refusé d'être heureux dans la vie pour mieux se préparer au sacrifice, il n'ait pas reçu le bonheur en même temps que la mort. Il était heureux et il a marché calmement à la potence, n'est-ce pas?

Stepan Il a marché. On chantait sur le fleuve en contre-bas, avec un accordéon. Des chiens ont aboyé à ce moment.

Dora C'est alors qu'il est monté …

Stepan Il est monté. Il s'est enfoncé dans la nuit. On a vu vaguement le linceul dont le bourreau l'a recouvert tout entier.

Dora Et puis, et puis …

Stepan Des bruits sourds.

Dora Des bruits sourds. Yanek! Et ensuite …

Stepan se tait.

Dora *(avec violence).* Ensuite, te dis-je. *(Stepan se tait.)* Parle, Alexis. Ensuite?

Voinov Un bruit terrible.

Dora Aah. *(Elle se jette contre le mur.)*

Stepan détourne la tête. Annenkov, sans une expression, pleure. Dora se retourne, elle les regarde, adossée au mur.

12 **moins la fièvre** sans la fièvre – 21 **en contre-bas** plus bas – 22 **aboyer** (bellen) – 25 **le linceul** étoffe avec laquelle on couvre les morts – 35 **adossé,e** appuyé contre le mur

Dora *(d'une voix changée, égarée).* Ne pleurez pas. Non, non, ne pleurez pas! Vous voyez bien que c'est le jour de la justification. Quelque chose s'élève à cette heure qui est notre témoignage à nous autres révoltés: Yanek n'est plus un meurtrier. Un bruit terrible! Il a suffi d'un bruit terrible et le voilà retourné à la joie de l'enfance. Vous souvenez-vous de son rire? Il riait sans raison parfois. Comme il était jeune! Il doit rire maintenant. Il doit rire, la face contre la terre! *(Elle va vers Annenkov.)* Boria, tu es mon frère? Tu as dit que tu m'aiderais?

Annenkov Oui.

Dora Alors, fais cela pour moi. Donne-moi la bombe.

Annenkov la regarde.

Dora Oui, la prochaine fois. Je veux la lancer. Je veux être la première à la lancer.

Annenkov Tu sais bien que nous ne voulons pas de femmes au premier rang.

Dora *(dans un cri).* Suis-je une femme, maintenant?

Ils la regardent. Silence.

Voinov *(doucement).* Accepte, Boria.

Stepan Oui, accepte.

Annenkov C'était ton tour, Stepan.

Stepan *(regardant Dora).* Accepte. Elle me ressemble, maintenant.

Dora Tu me la donneras, n'est-ce pas? Je la lancerai. Et plus tard, dans une nuit froide …

Annenkov Oui, Dora.

Dora *(elle pleure).* Yanek! Une nuit froide, et la même corde! Tout sera plus facile maintenant.

Rideau.

Il a payé pour les morts avec sa propre vie.

Textes complémentaires

Contexte historique

1. L'année 1905 en Russie

En l'an 1905 régnait en Russie une très grande famine et dans les villes augmentait le chiffre des chômeurs à cause de l'explosion de la population et d'une crise économique. Un mécontentement général en fut la conséquence duquel est né un mouvement social pour changer et réformer la situation. Sous l'influence de l'étranger et de l'émigration pendant les années 1890 à 1900 furent créés deux partis dont l'un, dirigé par Lénine, préconisait la constitution d'un parti révolutionnaire centralisé et discipliné, et l'autre se faisait l'avocat de l'anarchisme et du terrorisme. Cela eut pour conséquence l'assassinat du grand-duc Serge ainsi que de nombreuses grèves, la création des premiers soviets ouvriers et d'autres événements qui marquent cette terrible année de révolution.

la famine (Hungersnot)

la grève les ouvriers arrêtent le travail pour obtenir ce qu'ils demandent

2. Un témoin de l'attentat raconte

Camus s'est minutieusement informé sur les terroristes russes de l'année 1905. Il a lu les Mémoires d'un terroriste *de Boris Savinkov. Il s'est renseigné sur Kaliayev, que ses amis appelaient* le poète, *sur Dora Brilliant, dont il fera Dora Doulebov, et sur Voinarovski, qui devint Voinov dans sa pièce. C'est Savinkov lui-même qui lui inspira le personnage d'Annenkov.*

En plus des faits historiques de 1905 nous possédons un article d'un témoin de l'attentat, publié dans le journal Figaro littéraire *du 4 juillet 1959. Ce témoin, Gustave Welter, fut le professeur des deux enfants qui empêchèrent*

Kaliayev de lancer la bombe la première fois. Dans cet article Welter parle de la vie à la cour du grand-duc; ensuite il en vient à faire le récit des deux attentats, l'un manqué et l'autre réussi – En voici un extrait:

[...] C'était au Kremlin même, dans la courte rue qui mène au Petit Palais à une des portes de la citadelle, que l'étudiant Kalaïev, une bombe dans la poche de son manteau, guettait sa proie. [...] Il se prépare à lancer sa bombe lorsqu'il aperçoit, aux côtés de leur oncle, mes élèves Dimitri et Marie. Fidèle à l'idéalisme *sui generis* des terroristes, il attendit une autre occasion.

la proie la victime

sui generis *(lat)* à leur façon

Elle se présenta le 4 février (17 de notre style) par un beau jour d'hiver, clair et froid, qui faisait étinceler la neige et les croix d'or des coupoles. Nous avions, comme de coutume, déjeuné tous ensemble, et, au café, j'avais causé familièrement avec le grand-duc. Puis il était monté dans le traîneau qui l'attendait devant le perron, tandis que Dimitri regagnait avec moi son appartement.

4 février calendrier russe

de coutume d'habitude

A peine étions-nous installés à notre table de travail qu'une explosion ébranla les vitres. Feignant de croire à une salve d'artillerie célébrant quelque anniversaire, je demandai à mon élève: «Est-ce donc fête aujourd'hui?» Mais lui s'était déjà, tout pâle, précipité dans le couloir pour crier à un laquais: «Mon oncle est-il parti?» Il n'avait alors que treize ans, mais il avait compris.

ébranler faire trembler

feignant de faisant semblant de

A une centaine de pas du palais, après le tournant de la rue, Kalaïev avait jeté la bombe sous le traîneau de Serge. [...] Au bruit de l'explosion, Elisabeth avait jeté une pelisse sur ses épaules et sans un chapeau, elle était montée dans son traîneau qui l'emmena près du cadavre de son mari. Elle se précipita sur ces débris sanglants [...]

les débris *m* fragments, morceaux

[...] Le lendemain, Elisabeth [...] alla voir l'assassin dans sa prison et demanda à rester seule avec lui. [...] Le grande-duchesse en pleurs, interrogeant l'étudiant sur les mobiles qui l'avaient poussé au crime, l'écouta parler des souffrances du peuple et proclamer les vengeances nécessaires, puis, après lui avoir remis une petite icône, le quitta en lui disant qu'elle prierait pour lui. […]

(Raymond Gay-Crosier, *L'envers d'un échec. Etude sur le théâtre d'Albert Camus*, Minard, Paris 1967.)

- *Dans* Les Justes, *la grande-duchesse rend également visite à Kaliayev dans sa prison* *(voir page 45)*. *Comparez cette scène au récit de Welter.*

3. Bakounine: Le catéchisme du révolutionnaire

Dans le Catéchisme du révolutionnaire, *un texte écrit en 1869 (généralement attribué à l'anarchiste russe Bakounine, bien que certains y voient plutôt l'œuvre de son compagnon Netchaiev), l'auteur explique comment de vrais terroristes doivent se comporter. Nous reproduisons ici six des articles de la première partie, intitulée* Devoirs du révolutionnaire envers lui-même. *Camus connaissait très probablement le texte de ce* Catéchisme, *les analogies entre le personnage de Stepan et le «révolutionnaire idéal» selon Bakounine et/ou Netchaiev sont d'ailleurs frappantes.*

Devoirs du révolutionnaire envers lui-même

– Le révolutionnaire […] n'a ni intérêts personnels, ni affaires, ni sentiments, ni attachements, ni propriété, ni même un nom. Tout en lui est absorbé par un seul intérêt exclusif, une seule pensée, une seule passion: la révolution.

– Dans la profondeur de son être, […] il a brisé tout lien avec l'ordre civil et avec le monde civilisé tout entier, avec les lois, les convenances, avec la moralité et les conventions généralement reconnues dans ce monde. Il en est l'ennemi implacable, et s'il continue à vivre dans ce monde, ce n'est que pour le détruire plus sûrement. […]

– Il méprise l'opinion publique. Il méprise et hait la morale sociale actuelle […]. Pour lui, tout est moral qui favorise le triomphe de la révolution, tout est immoral et criminel qui l'entrave.

– Le révolutionnaire est un homme voué, il est sans merci pour l'Etat en général et pour toute la classe civilisée de la société, et il ne doit pas non plus attendre de

Tiefe brechen

le lien liaison, relation

implacable sans pitié

verachten

entraver qc arrêter, freiner qc

voué,e destiné à une idée

lien matériel
lien d'affection – Gefühlsbindung

merci pour lui-même. [...] Il doit s'habituer à supporter la torture.

streng

– Rigide envers lui-même, il doit l'être aussi envers les autres. Tous les sentiments d'affection, les sentiments ramollissants de parenté, d'amitié, d'amour, de reconnaissance, doivent être étouffés en lui par la passion unique et froide de l'œuvre révolutionnaire. [...] Nuit et jour il doit avoir une seule pensée, un seul but – la destruction implacable. Poursuivant ce but froidement et sans relâche, il doit être prêt à périr lui-même et à faire périr de ses propres mains tous ceux qui l'empêchent d'atteindre ce but.

périr mourir

– La nature d'un vrai révolutionnaire exclut tout romantisme, toute sensibilité, tout enthousiasme et tout entraînement; elle exclut même la haine et la vengeance personnelles. [...] Toujours et partout, il doit obéir, non à ses impulsions personnelles, mais à ce que lui prescrit l'intérêt général de la révolution.

gehorchen

(Madeleine Bouchez, *Les Justes*, Collection *Profil d'une œuvre*, Hatier, Paris 1974.)

- *Quels sont les devoirs d'un révolutionnaire d'après Bakounine?*
- *Peut-il avoir des sentiments? Lesquels?*
- *Le comportement de Stepan et de Kaliayev correspond-il à celui d'un vrai révolutionnaire, tel que Bakounine nous le décrit?*

Les années 50

Pour mieux comprendre l'intérêt passionné de Camus pour les thèmes du terrorisme et de la justice, il faut se rappeler le contexte historique des années 50.

8 mai 1945: Armistice.
6 août 1945: Bombe atomique à Hiroshima.
5 mars 1946: Discours de Churchill à Fulton (USA), dans lequel il dénonce le comportement soviétique de l'autre côté du «rideau de fer». Ce discours marque le début de la «guerre froide».

Août 1946: Début de la guerre civile en Grèce.
Décembre 1946: Insurrection générale à Hanoï – Début de la guerre d'Indochine (1946–1956).
Mars 1947: Insurrection générale à Madagascar, réprimée par la France de manière sanglante.
30 janvier 1948: Assassinat de Gandhi.
Février 1948: Coup d'état communiste à Prague.
Mars 1948: Début du blocus de Berlin (jusqu'en mai 1949).
Juin 1950: Début de la guerre de Corée (1950–1953).
Novembre 1952: En Tchécoslovaquie, procès de Slansky. Onze condamnations à mort.
Juin 1953: Emeutes à Berlin-Est. Intervention des blindés soviétiques.
Mai 1954: Défaite des Français à Diên-Biên-Phu (Vietnam).
Novembre 1954: Début de ce qui va devenir la guerre d'Algérie.

le blindé (Panzer)

Albert Camus par lui-même

1. Terrorisme

Il est possible de suivre le travail de Camus en lisant ses Carnets *où on retrouve souvent les thèmes de la révolte, de la justice, de la révolution et du christianisme. L'idée d'une œuvre (roman ou tragédie) sur la justice y apparaît à la fin de l'année 1944 et Camus y évoque de même le droit de tuer:*

La grande pureté du terroriste style Kaliayev, c'est que pour lui le meurtre coïncide avec le suicide (cf. Savinkov: *Souvenirs d'un terroriste*). Une vie est payée par une vie. Le raisonnement est faux, mais respectable. (Une vie ravie ne vaut pas une vie donnée.) Aujourd'hui le meurtre par procuration. Personne ne paye.

ravi,e volé
par procuration par délégation

1905 Kaliayev: le sacrifice du corps. 1930: le sacrifice de l'esprit.

Pièce. La Terreur. Un nihiliste. La violence partout. Partout le mensonge.

(Albert Camus, *Carnets*, Gallimard, Paris 1964.)

- *Kaliayev, dans* Les Justes, *correspond-il à l'idée que Camus s'est faite ici du terroriste?*

2. Les meurtriers délicats

Dans son essai L'Homme révolté *(1951), Camus a publié sous le titre* Les Meurtriers délicats *un article où il traite les thèmes des terroristes russes et du terrorisme en général. Cet article avait déjà paru en janvier 1948 dans le journal* La Table ronde, *donc bien avant la première des* Justes.

«Peut-on parler de l'action terroriste sans y prendre part?» s'écrie l'étudiant Kaliayev. Ses camarades, réunis à partir de 1903 dans l'*Organisation de Combat* du parti socialiste révolutionnaire, sous la direction d'Azef, puis de Boris Savinkov, se tiennent tous à la hauteur de ce grand mot. [...]

Ce petit groupe d'hommes et de femmes, perdus dans la foule russe, serrés les uns contre les autres, choisissent le métier d'exécuteurs auquel rien ne les destinait. Ils vivent sur le même paradoxe, unissant en eux le respect de la vie humaine en général et un mépris de leur propre vie, qui va jusqu'à la nostalgie du sacrifice suprême. Pour Dora Brilliant, les questions de programme ne comptaient pas. L'action terroriste s'embellissait tout d'abord du sacrifice que lui faisait le terroriste. «Mais, dit Savinkov, la terreur pesait sur elle comme une croix.» [...]

Un si grand oubli de soi-même, allié à un si profond souci de la vie des autres, permet de supposer que ces meurtriers délicats ont vécu le destin révolté dans sa contradiction la plus extrême. On peut croire qu'eux aussi, tout en reconnaissant le caractère inévitable de la violence, avouaient cependant qu'elle est injustifiée.

Nécessaire et inexcusable, c'est ainsi que le meurtre leur apparaissait. [...]

Mais les cœurs extrêmes dont il s'agit n'oubliaient rien. Dès lors, incapables de justifier ce qu'ils trouvaient pourtant nécessaire, ils ont imaginé de se donner eux-mêmes en justification et de répondre par le sacrifice personnel à la question qu'ils se posaient. Pour eux, comme pour tous les révoltés jusqu'à eux, le meurtre s'est identifié avec le suicide. Une vie est alors payée par une autre vie. [...]

1905, grâce à eux, marque le plus haut sommet de l'élan révolutionnaire. A cette date, une déchéance a commencé. [...] Les révolutionnaires qui viendront n'exigeront pas l'échange des vies. Ils consentiront au risque de la mort, mais accepteront aussi de se garder le plus possible pour la révolution et son service. Ils accepteront donc, pour eux-mêmes, la culpabilité totale. [...] Kaliayev prouve, au contraire, que la révolution, moyen nécessaire, n'est pas une fin suffisante.

le sommet le point le plus haut d'un arbre, d'une montagne

la déchéance passage à un état inférieur, dégradation

la culpabilité sentiment d'une personne qui se juge coupable

(Albert Camus, *L'Homme révolté*, Gallimard, Paris 1951.)

- *Pourquoi, d'après Camus, peut-on appeler les terroristes russes des* meurtriers délicats*?*
- *Relevez dans* Les Justes *les passages qui justifient cette opinion.*
- *Que pense Camus de l'évolution du terrorisme d'après 1905?*

3. Les pharisiens de la justice

Le problème de la justice s'est posé maintes fois d'une manière très forte chez Camus:

[...] Les socialistes révolutionnaires de 1905 n'étaient pas des enfants de chœur. Et leur exigence de justice était autrement sérieuse que celle qui s'exhibe aujourd'hui, avec une sorte d'obscénité, dans toutes les œuvres et dans tous les journaux. Mais c'était parce

enfant de chœur enfant qui assiste le prêtre dans les offices religieux, *fig* personne naïve, facile à tromper

s'exhiber [sɛgzibe] se montrer

que l'amour de la justice était brûlant chez eux qu'ils ne pouvaient se résoudre à devenir de répugnants bourreaux. Ils avaient choisi l'action et la terreur pour servir la justice, mais ils avaient choisi en même temps de mourir, de payer une vie par une vie, pour que la justice demeure vivante.

répugnant,e détestable

Le raisonnement «moderne», comme on dit, consiste à trancher: «Puisque vous ne voulez pas être des bourreaux, vous êtes des enfants de chœur» et inversement. Ce raisonnement ne figure rien d'autre qu'une bassesse. Kaliayev, Dora Brillant et leurs camarades réfutent cette bassesse par-dessus cinquante années et nous disent au contraire qu'il y a une justice morte et une justice vivante. Et que la justice meurt dès l'instant où elle devient un confort, où elle cesse d'être une brûlure, et un effort sur soi-même.

trancher *ici:* prendre une décision rapide et précise

réfuter démontrer que qc est faux

[...] Heureusement, il est une autre race d'homme que celle de l'enfant de chœur ou du bourreau, et même que celle, plus «moderne» du bourreau-enfant de chœur! Celle des hommes qui, dans les pires ténèbres, essaient de maintenir la lumière de l'intelligence et de l'équité, et dont la tradition survit à la guerre et aux camps qui, eux, ne survivront à rien.

l'équité *f* (Billigkeit)

Cette image de l'homme triomphera, malgré les apparences. Entre la folie de ceux qui ne veulent rien que ce qui est et la déraison de ceux qui veulent tout ce qui devrait être, ceux qui veulent quelque chose, et sont décidés à en payer le prix, seront les seuls à l'obtenir.

la déraison manque de raison

(Albert Camus, *Actuelles* 2, Gallimard, Paris 1953.)

- *Qu'est-ce que Camus entend par a) bourreau, b) enfant de chœur, c) bourreau-enfant de chœur?*
- *A quelle catégorie les terroristes des* Justes *appartiennent-ils?*

4. Réflexions sur la guillotine

En septembre 1981 la peine de mort a été abolie en France; avec cette abolition une bataille, commencée il y a 90 ans, vient de s'achever. En 1957 Camus avait déjà publié à ce sujet différentes Réflexions sur la peine capitale.

Peu avant la guerre de 1914, un assassin dont le crime était particulièrement révoltant (il avait massacré une famille de fermiers avec leurs enfants) fut condamné à mort en Alger. Il s'agissait d'un ouvrier agricole qui avait tué dans une sorte de délire du sang, mais avait aggravé son cas en volant ses victimes. L'affaire eut un grand retentissement. On estima généralement que la décapitation était une peine trop douce pour un pareil monstre. Telle fut, m'a-t-on dit, l'opinion de mon père que le meurtre des enfants, en particulier, avait indigné. L'une des rares choses que je sache de lui, en tout cas, est qu'il voulut assister à l'exécution, pour la première fois de sa vie. Il se leva dans la nuit pour se rendre sur les lieux du supplice, à l'autre bout de la ville, au milieu d'un grand concours de peuple. Ce qu'il vit, ce matin-là, il n'en dit rien à personne. Ma mère raconte seulement qu'il rentra en coup de vent, le visage bouleversé, refusa de parler, s'étendit un moment sur le lit et se mit tout d'un coup à vomir. Il venait de découvrir la réalité qui se cachait sous les grandes formules dont on la masquait. Au lieu de penser aux enfants massacrés, il ne pouvait plus penser qu'à ce corps pantelant qu'on venait de jeter sur une planche pour lui couper le cou. [...]

Si la peur de la mort, en effet, est une évidence, c'en est une autre que cette peur, si grande qu'elle soit, n'a jamais suffi à décourager les passions humaines. Bacon a raison de dire qu'il n'est point de passion si faible qu'elle ne puisse affronter et maîtriser la peur de la mort. La vengeance, l'amour, l'honneur, la douleur, une autre peur, arrivent à en triompher. [...] Depuis des siècles, la peine de mort, accompagnée souvent de sauvages raffinements, essaie de tenir tête au crime; le crime pourtant s'obstine. Pourquoi?

le retentissement (Widerhall)

en coup de vent très vite

bouleversé marqué par l'émotion

pantelant,e qui respire avec peine

Bacon, Francis philosophe anglais (1561–1626)

[...] L'instinct de vie, s'il est fondamental, ne l'est pas plus qu'un autre instinct dont ne parlent pas les psychologues d'école: l'instinct de mort, qui exige à certaines heures la destruction de soi-même et des autres. Il est probable que le désir de tuer coïncide souvent avec le désir de mourir soi-même ou de s'anéantir. [...] On tue alors pour mourir, d'une certaine façon.

s'anéantir se détruire complètement

(Albert Camus/Arthur Koestler, *Réflexions sur la peine capitale,* Calman-Lévy, Paris 1957.)

- *Y a-t-il une relation entre le meurtre, la peine de mort et le suicide? Expliquez.*
- *Comparez l'opinion de Dora et de Kaliayev à ce sujet.*

L'accueil fait à la pièce

1. Représentations

Les Justes ont été joués pour la première fois le 15 décembre 1949, sur la scène du *Théâtre Hébertot,* avec une mise en scène de Paul Oettly. [...] Camus, bien qu'il souffrît alors d'une rechute de tuberculose, vint chaque fois qu'il le put assister aux répétitions. Des témoignages de première main évoquent les contacts très efficaces qu'il avait avec les acteurs [...].

Pendant la saison 1949–1950, la pièce tint solidement l'affiche. Elle fut reprise par la Comédie de l'Est en 1955. Trois ans plus tard, en 1958, dans une interview donnée à *Paris-Théâtre,* Camus déclarait: «J'aimerais remonter *Les Justes,* qui sont encore plus d'actualité aujourd'hui». [...]

tenir l'affiche être représenté longtemps

(Madeleine Bouchez, *Les Justes,* Collection *Profil d'une œuvre,* Hatier, Paris 1974.)

2. La critique

La saison théâtrale 1949–1950 vit paraître un grand nombre d'articles, dont les uns étaient sévères, les autres favorables, la plupart dosant les éloges et les réserves.

doser (dosieren)

Un article, [...] paru dans *Combat* le 19 décembre 1949 insistait [...] sur les qualités de la pièce. Il était signé Jacques Lemarchand [...] et disait que le spectateur de cette pièce [...] est invité à chercher la pureté «non dans la révolution, mais dans ce qui pousse un homme à devenir révolutionnaire. [...] La situation dramatique [...] est le passage de cette pureté de l'esprit à l'acte le plus éloigné qu'il soit de la pureté: tuer un homme.»

Dans l'article de Gabriel Marcel, paru au même moment dans *Les nouvelles littéraires,* [...] le mérite de la pièce n'est pas nié, mais il apparaît comme étant «d'ordre extra-théâtral». [...] Abus de discussions, insuffisance de dynamisme théâtral, naïveté des personnages, ambiguïté du crime politique, telles sont les réserves. Néanmoins, l'auteur de l'article reconnaît: «On sent à chaque instant que les questions soulevées dans le drame se posent à la conscience de l'auteur de la façon la plus directe, la plus brûlante.»

Dans la chronique de Jean Mauduit, parue dans les *Etudes* en février 1950, [...] l'auteur de cette chronique déplore le caractère abstrait d'un «théâtre d'idées». «Les créatures de Camus», écrit-il «sont des idées travesties en homme.» [...] J. Mauduit incrime ensuite l'ambiguïté de la pièce: si l'attitude de la grande-duchesse et celle de Stepan lui semblent logiques, celle des autres personnages le choque, parce qu'ils jouent sur deux tableaux, celui de la révolution et celui des scrupules moraux. Il voit là les contradictions dangereuses de l'homme de notre temps [...]. «Le manque d'être, l'excès d'intellect, l'équivoque fondamentale dont souffrent les personnages des *Justes* sont les

déplorer qc regretter qc

incriminer qn/qc accuser, attaquer qn/qc

péchés mêmes qui accablent le temps où nous sommes». [...]

le péché la faute
accabler épuiser (belasten)

(Madeleine Bouchez, *Les Justes*, Collection *Profil d'une œuvre*, Hatier, Paris 1974.)

- *Qu'est-ce que J. Mauduit critique? Qu'est-ce que J. Lemarchand approuve par contre?*
- *L'opinion de G. Marcel est plutôt mitigée: qu'approuve-t-il, que critique-t-il? Qu'en pensez-vous?*

3. «Un homme de théâtre complet»

Camus n'a pas seulement écrit des pièces de théâtre, mais il les a également mises en scène et représentées lui-même. Le texte suivant vous montre sa manière de travailler en tant que metteur en scène:

[...] Le théâtre a pu représenter pour Camus l'art, par excellence, de l'éphémère, du provisoire, des effigies fugitives. La mise en scène est, selon lui, une tentative d'unifier, pour un instant, un petit morceau d'univers. [...]

éphémère passager, ère, temporaire
une effigie image, portrait

Il est aussi un régisseur modèle, courant tous les magasins de Paris à la recherche d'un petit carré de tissu imprimé, spécifiquement russe: mouchoir-pochette, dont pourra jouer Pierre Blanchar. [...]

Voilà le portrait de Camus, crayonné par quelques-uns des prinipaux comédiens qui ont travaillé avec lui:

Michel Bouquet: «Camus cherche l'homme sous l'acteur; l'être humain le sollicite constamment, et c'est chez l'acteur que la personnalité humaine peut se déployer le plus profondément.» [...]

solliciter qn *ici:* attirer qn
se déployer se montrer (dans toute son étendue)

Selon Serge Reggiani, Camus, comme Sartre, commence les répétitions par une présentation très détaillée des personnages aux comédiens. Il explique d'où ils viennent, pourquoi il les a choisis. A l'occasion de la mise en scène des *Justes*, il montre des photos de personnes authentiques qui lui ont servi de modèles. Ce travail de documentation est très poussé et se poursuit au cours de nombreuses conversations souvent autour d'un verre. [...]

«Il distribue des phrases-clés concernant chaque personnage, des boutades souvent, mais qui donnent instantanément le climat d'une scène que l'on ne trouvait pas.» (Maria Casarès). Il a fait la synthèse du personnage et en a distingué parfaitement les caractéristiques essentielles, les lignes de force, assure Michel Bouquet. [...]

la boutade mot d'esprit vif et original

«Camus est plus psychologue qu'architecte», dit Jean Gillibert.

(René Farabet, *Albert Camus à l'avant-scène.* Revue de la Société d'Histoire du Théâtre. (Vol. 12, 1960.)

- *Comment Camus travaille-t-il en tant que metteur en scène?*
- *Pourquoi peut-on dire, tel que Jean Gillibert l'a fait, que «Camus est plus psychologue qu'architecte»?*